Aen Hanghmoeg Cienmonz Bued Cienz Oksaw Gij Sawcih Minzcuz
民族文字出版专项资金资助项目

Aen Cangsaw Gvangjsih Saujsu Minzcuz Feihvuzciz Vwnzva Yizcanj
广西少数民族非物质文化遗产书库

SAWGING SAEGOENG BOUXCUENGH
典藏壮族师公经

CIENGQ SAESWNG
唱师圣

Cingjleix fanhoiz: Veiz Daz Loz Yenlanz Lij Sicwng
整理 翻译: 韦达 罗艳兰 李世政
Soucomz: Liuz Yozginh
搜集: 刘学军

Gvangjsih Minzcuz Cuzbanjse
广西民族出版社

图书在版编目（CIP）数据

唱师圣：壮文/韦达，罗艳兰，李世政整理翻译；刘学军搜集．—南宁：广西民族出版社，2013.8
（典藏壮族师公经）
ISBN 978-7-5363-6619-0

Ⅰ.①唱… Ⅱ.①韦… ②罗… ③李… ④刘… Ⅲ.①壮族—叙事诗—中国—壮语 Ⅳ.①I222.7

中国版本图书馆 CIP 数据核字（2013）第 179660 号

Aen Hanghmoeg Cienzmonz Bued Cienz Oksaw Gij Sawcih Minzcuz
民族文字出版专项资金资助项目
Aen Cangsaw Gvangjsih Saujsu Minzcuz Feihvuzciz Vwnzva Yizcanj
广西少数民族非物质文化遗产书库

SAWGING SAEGOENG BOUXCUENGH
典藏壮族师公经

CIENGQ SAESWNG
唱师圣

Cingjleix fanhoiz: Veiz Daz Loz Yenlanz Lij Sicwng
整理 翻译： 韦达 罗艳兰 李世政
Soucomz: Liuz Yozginh
搜集： 刘学军

出版发行	**广西民族出版社**（地址：南宁市桂春路 3 号 邮政编码：530028）
发行电话	（0771）5523216 传真：（0771）5523246
责任编辑	周 金 韦林利
装帧设计	李良华
责任印制	蓝剑风
印 刷	广西地质印刷厂印刷
规 格	890 毫米×1240 毫米 1/32
印 张	4.375
字 数	150 千字
版 次	2013 年 8 月第 1 版
印 次	2013 年 8 月第 1 次印刷

ISBN 978-7-5363-6619-0/I·1450 定价：22.00 元

Moegloeg
目　录

It、Ciengq Banzguj
一、唱盘古

Yangzsouj diuq
扬首 吊
Goemz gyaeuj youh daj fwngz ma bya
俯 (头)首 又 打 手 回(还) 山

Saengq dwk gosing diuqlingz yiengj
震 得 歌声 吊玲 响
Hai dien Banzguj gyangq gujdanz
开 天 盘古 降 鼓坛
Ginhcauh naengh youq Suijmeizmiuh
今朝 坐 在 水眉庙
Goengcwnz dawz ciengj bae daengz langz
巡捕 拿 状(书信) 去 到 郎(那里)

Langz le ndaejnyi sawciengj cingj
郎 呢 听见 状(书信) 请
Gipcai Banh Dangh langh max langz
急差 潘 当 放 马 郎
Cij danq Banzguj rox langh max
只 叹 盘古 懂 放 马

Youh langh daeg gwih daeg diuhnau
又 放 一匹 骑 一匹 留下

Daeg max bwn coeng roengz hix fuz
匹 马 毛 鬃 下 就 扶
Lizyungj biu'ho gangjgonq langz
力勇 跑呀 前面 郎
Daeg max bwn coeng roengz hix fad
匹 马 毛 鬃 下 就 鞭打
Lizyungj biu'hai gangjgonq langz
力勇 跑呀 前面 郎

Bing le baihlaeng bing bainaj
兵 呀 后面 兵 前面
Banzguj gwih max gvaq dingqgyang
盘古 骑 马 过 中间
Max daiq gim'an mbouj yungh fad
马 戴 金鞍 不 用 鞭打
Baez fad seizgan daengz danz langz
(一)次 鞭打 时间 到 坛 郎

Ma daengz danz gonq yienq max daengz
回 到 坛 前 牵 马 到
Sixvuengz gaem boemh laeuj maxlangz
社王 拿 坛 酒 马郎
Samsae gaem gienj ciep max naengh
三师 拿 简 接 马 坐

Laeujyangz gimboi dawz fwngz langz
洋酒 金杯 拿 手 郎

Laeujyangz gimboi dawz bet cenj
洋酒 金杯 拿 八 杯
Vanjvanj cix heuh dawz fwngz langz
碗碗 就 叫 拿 手 郎
Laeujyangz dawz ndaw ndaw caenh henj
洋酒 拿 里 里 尽 黄
Laeujyangz dawz cenj henj baenz dangz
洋酒 拿 杯 黄 如 糖

Laeuj le hix gwn cienz hix ndaej
酒 呢 也 喝 钱 也 得
Najbyak sae diuq ciengq danq langz
面前 师公 跳 唱 叹 郎
Mbouj ciengq cenzvangz bingz haujhan
不 唱 前王 评 好汉
Lwnh ciengq dangco bohmeh seng
论 唱 当初 父母 生

Bingj yinz dingh maux seng Banzguj
丙 寅 丁 卯 生 盘古
Cuengq ciuh sanhhoz ndaw dieg vunz
放 一辈子 山河 里 地 人
Cuengq ciuh sanhhoz ndaw dieg ranz
放 一辈子 山河 里 地 房子

Mbwn sang dieg daemq cix mbouj bingz
天 高 地 低 也不 平

Mbwn sang dieg daemq cix mbouj cingq
天 高 地 低 也不 正
Mbouj miz yizyez ciuq gvanghmingz
没 有 日月 照 光明
Bae baih fozsanh cingj fozmeh
去 那边 佛山 请 佛母
An baenz yizyez ciuq gvanghmingz
安 成 日月 照 光明

Moix bi cij an cib ngeih ndwen
每 年 只 安 十 二 月
Moix ngoenz cij an cib ngeih seiz
每 天 只 安 十 二 时辰
Moix ndwen cij an sam cib ngoenz
每 月 只 安 三 十 天
Ciengnyied coit heij raen yinz
正月 初一 起 见 寅

Doeng daeuj bya ndoi dieg va hai
东 来 石山 土坡 地 花 开
Namz daeuj roek haih dieg saen mingz
南 来 六 害 地 新 名
Sae daeuj gyanghsanh goenghai boux
西 来 江山 公开 簿

Baek daeuj yienh yiengq laux doujsingh
北 来 现 向 老 斗星

Gaiq dah gvaq gyang raemx cien raemx
条 河 过 中间 水 千 水
Byaleix bangx dah raemx cienq saen
鲤鱼 畔 河 水 翻滚 身
Gaiq dah gvaq gyang raemx cienq haeuj
条 河 过 中间 水 奔流 进来
Sizdouz bangx dah raemx cienq saen
石头 畔 河 水 翻滚 身

Daemznaz mbouj cij ndang Banzguj
田地 不 只 身体 盘古
Daihloh mbouj cij sai laujginh
大路 不 只 男 老君
Daemznaz mbouj cij ndang Banzguj
田地 不 只 身体 盘古
Gwn gvaq ciuhboh lwg youh cwngz
吃 过 父辈 子 又 继承

Daemznaz mbouj caih ndang Banzguj
田地 不 单 身体 盘古
Gwn gvaq ciuhboh lwg youh cwngz
吃 过 父辈 子 又 继承
Gwn gvaq ciuhboh lwg youh ciep
吃 过 父辈 子 又 接

Lwg liux seng lwg cij seng lan
子 完 生 子 又 生 孙子

Cij danq Banzguj cauh diendeih
只 叹 盘古 造 天地
Cauh baenz diendeih gij yinzminz
造 成 天地 那 人民
Cij danq Yivungh song beixnuengx
只 叹 玉翁 两 兄弟
Nuengx le cauh dieg beix cauh mbwn
弟弟 呀 造 地 哥哥 造 天

Beix le cauh mbwn mbwn hix gvangq
哥哥 呀 造 天 天 也 宽广
Nuengx le cauh namh namh cix bingz
弟弟 呀 造 地 地 也 平
Gwnzmbwn cij caux baenz naenx ndei
天上 才 造 成 这么 好
Lajdeih cauh raemx caeuq cauh rumz
地下 造 水 和 造 风

Banzguj cauh ma hawj raeuz raeuq
盘古 造 狗 给 我们 吠
Swnznungz cauh haeux hawj raeuz gwn
神农 造 米 给 我们 吃
Banzguj cauh vaiz hawj raeuz cae
盘古 造 牛 给 我们 犁

Banzguj cauh gaeq hawj raeuz haen
盘古 造 鸡 给 我们 啼

Lwggvak cauh feiz vunz raeuz byoq
火镰 造 火 人们 我们 烤火
Cwngzlangz cauh noh hawj raeuz gwn
丞郎 造 肉 给 我们 吃
Cauh baenz hozloz bingzdieg haij
造 成 葫芦 平地 海
Caetsing betgvaq rog doxdoeng
七星 八卦 外面 相通

Cauh baenz doeng namz caeuq sae baek
造 成 东 南 和 西 北
Doeng le cauh raemx baek cauh fwn
东 呢 造 水 北 造 雨
Cauh baenz vujhingz caeuq betgvaq
造 成 五行 和 八卦
Haj goengq bya dongh guh saeumbwn
五 座 山 柱子 做 天柱

Cij danq Gunghceh lwg vuengzdaeq
只 叹 公车 孩子 皇帝
Ij bae naengh youq gyang vayienz
要 去 坐 在 中间 花园
Mwngz cwnz gova baenz go'haeux
你 巡(看) 花草 (当)成 稻谷

Fwngz le bae couh dawz ma gwn
手 呢 去 就 拿 来 吃

Mwngz gwn gova bae ndaw dungx
你 吃 花草 去 里 肚子
Ndang le daihyin seng lwgvunz
身体 呀 怀孕 生 孩子
Ndang le daihyin sim miz heij
身体 呀 怀孕 心 有 喜
Seng ndaej denhswj ya fanzminz
生 得 天子 下 凡民

Daih'it cij seng Sangcingh beix
第一 只 生 上清 哥
Sangcingh vaveiz Bingzsenh gungh
上清 化为 平先 公
Daihngeih cij seng Yicingh beix
第二 只 生 玉清 哥
Yicingh vaveiz Gvasenh gungh
玉清 化为 卦先 公

Daihsam cij seng Daicingh beix
第三 只 生 太清 哥
Daicingh vaveiz Gvasenh gungh
太清 化为 卦先 公
Daihseiq cij seng ndaej seiqsae
第四 只 生 得 四师

Seiq sou beixnuengx seiq dinmbwn
四 你们 兄弟 四 天脚

Daihhaj cij seng ndaej daudwz
第五 只 生 得 道德
Mbiengj ndeu guh foz mbiengj guh vunz
边 一 做 佛 一边 做 人
Mbiengj ndeu guh vuengz guenj dienyah
边 一 做 王 管 天下
Mbiengj ha guh foz guenj ndawyaem
边 配 做 佛 管 阴间

Daisanh daiq lingz Banzguj goet
太山 太 灵 盘古 骨(灵魂)
Daisanh daiq lingz Banzguj hoenz
太山 太 灵 盘古 灵魂
Daisanh daiq lingz Banzguj heiq
太山 太 灵 盘古 (灵)气
Byadah diegdeih Banzguj daengz
山河 天地 盘古 到

Ngeih、Ciengq Fuzhih
二、唱伏羲

Yangzsouj diuq
扬首 吊
Goemz gyaeuj youh daj fwngz siuyieng
俯 (头)首 又 打 手 烧香

Saengq dwk gosing diuqlingz yiengj
震 得 歌声 吊玲 响
Fuzhih cejnuengx lingmingz yiengz
伏羲 姐妹 令名 传扬
Ginhcauh naengh youq Luzmiuvei
今朝 坐 在 六庙会
Dawz dauq danz neix ciengq Danhniengz
拿 回 (歌)坛 这 唱 丹娘

Bonj ciengq cienz vuengz bingz haujhan
本 唱 前 王 评 好汉
Lwnh ciengq dangco bohmeh seng
论 唱 当初 父母 生
Gyap yinz yit maux doek fwn hung
甲 寅 乙 卯 下 雨 大

Baezde mbouj cij raemx dumh mbwn
那时 不 只 水 淹没 天

Raemx dumh lajmbwn vunz dai liux
水 淹没 天下 人 死 完
Dan lix Fuzhih song beixnuengx
单单 活 伏羲 两 兄妹
Goj lix Fuzhih song nuengx neix
可 活 伏羲 两 兄妹 这
Song sou guhdoih cauh yinzminz
俩 你们 做伴 造 人民

Sou le cingq raen gaiq yienghneix
你们 呀 正在 看见 东西 这样
Hihi heihei haeuj sanhlinz
嘻嘻 嘿嘿 进 山林
Hihi heihei haeuj gwnzbya
嘻嘻 嘿嘿 进 山上
Bae comz Hujcuk da sanhlinz
去 集中 虎竹 大 山林

Bae comz Hujcuk gyang bya gwnz
去 集中 虎竹 中间 山 上
Hawj sou beixnuengx hab vwnhyinh
给 你们 兄妹 合 婚姻
Fuzhih mbouj souh coenz yienghneix
伏羲 不 接受 句 这样

Hai cax yawhgiemq doh Huj vunz
开 刀 玉剑 打 虎竹 人

Gaj mwngz Hujcuk daengz doh gyaeuj
杀 你 虎竹 到 打 头
Dou le beixnuengx hab vwnhyinh
咱们 呢 兄妹 合 婚姻
Gaj mwngz Hujcuk mij doh gyaeuj
杀 你 虎竹 不 打 头
Biet sam biet seiq biet din gumz
撇 三 撇 四 撇 脚 坑(印)

Fuzhih diem din bae sam yamq
伏羲 抬 脚 去 三 步
Hujcuk giplienz dauq baenz duz
虎竹 连忙 倒 像 个
Fuzhih mbouj souh gaiq yienghneix
伏羲 不 接受 件 这样
Hihi heihei haeuj sanhlinz
嘻嘻 嘿嘿 进 山林

Hihi heihei haeuj gwnzbya
嘻嘻 嘿嘿 进 山上
Bae comz Ginhminj da sanhlinz
去 集中 金黾 大 山林
Bae comz Ginhminj dasanh gwnz
去 集中 金黾 大山 上

Sou le beixnuengx hab vwnhyinh
你们 呢 兄妹 合 婚姻

Fuzhih mbouj souh gaiq yienghneix
伏羲 不 接受 件 这样
Gaj mwngz Ginhminj daih sanhlinz
杀 你 金黾 大 山林
Gaj mwngz Ginhminj daengz doh gyaeuj
杀 你 金黾 到 打 头
Dou le beixnuengx hab vwnhyinh
咱们 呢 兄妹 合 婚姻

Gaj mwngz Ginhminj mij doh gyaeuj
杀 你 金黾 不 打 头
Biet sam biet seiq biet din gumz
撇 三 撇 四 撇 脚 坑(印)
Fuzhih diem din bae sam yamq
伏羲 抬 脚 去 三 步
Ginhminj gizgiet dauq baenz duz
金黾 快速 又 成 个

Daisang laujginh roengzdaeuj duenq
太上 老君 下来 断定
Hawj sou beixnuengx hab vwnhyinh
给 你们 兄妹 合 婚姻
Song sou beixnuengx song bya naengh
俩 你们 兄妹 两 山 坐

Song sou beixnuengx song bya soengz
俩 你们 兄妹 两 山 站立

Song sou beixnuengx song bya naengh
俩 你们 兄妹 两 山 坐
Song sou beixnuengx caux song feiz
俩 你们 兄妹 造(生) 两(堆) 火
Sou cwnz hoenzfeiz langh doxgauj
你们 察看 烟火 放 缭绕
Song sou beixnuengx hab vwnhyinh
俩 你们 兄妹 合 婚姻

Hoenzfeiz miz lingz caeuq miz sing
烟火 有 灵气 和 有 神圣
Hoenzfeiz doxgauj hwnjbae sang
烟火 缭绕 上去 高
Sou le cingq raen gaiq yienghneix
你们 呢 正 看见 件 这样
Song sou beixnuengx hab vwnhyinh
俩 你们 兄妹 合 婚姻

Beix le gaem gienj nuengx youh gaen
哥哥 呢 拿 书简 妹妹 又 跟着
Yaen maz beixnuengx ndaej doxaeu
为 什么 兄妹 得 相娶
Beixnuengx doxaeu diendeih gvaiq
兄妹 相娶 天地 怪

Beixnuengx doxgai diendeih cawz
兄妹 互相出卖 天地 除

Sou le doengz nienz gouj ndwen buenq
你们 呀 同 年 九 月 半
Lienz maz lienz maz cib ndwen rim
连 什么 连 什么 十 月 满
Seng ndaej Daegdau ndaeng mbouj bak
生 得 特刀(阿刀) (没有)鼻子 没有 嘴巴
Goj you de gap sizdouz vunz
可 担心 他 夹像 石头 人

Ndaeng le mbouj ndaeng bak mbouj bak
鼻子 了 没有 鼻子 嘴巴 没有 嘴巴
Goj you de gap lumj rin baenz
可 担心 他 夹 像 石头 变成
Fuzhih cingq raen gaiq yienghneix
伏羲 正在 看见 件 这样
Hai cax yawhgiemq doh rin vunz
开 刀 玉剑 打 石头 人

Hai cax yawhgiemq dauq souh fad
开 刀 玉剑 却 被 鞭打
Fad hix fad rin ranz baenz benj
鞭打 就 鞭打 石头 屋 变成 (石)板
Fad hix fad rin dawz bae buenq
鞭打 就 鞭打 石头 拿 去 一半

Buenq dawz buenq damz doh lajmbwn
半 拿 半 说 遍 天下

Langh youq ndaw daemz baenz duzgungq
放 在 里 塘 成 虾公
Langh youq ndaw rungh baenz duzyiuh
放 在 里 山岽 成 老鹰
Langh youq gyang gai baenz boux hag
放 在 中间 街 成 个 学徒
Langh youq dincij baenz niengzhek
放 在 脚下 成 客娘

Langh youq gwnzndoi baenz duz dawz
放 在 山坡上 成 动物 拿
Langh youq lajdap baenz mou yiengz
放 在 木棚下 成 猪 羊
Sam haet caet ngoenz bae gaeuj dingh
三 早 七 天 去 看 定
Gwnzbya lajgamh liengz lumj vunz
山上 岩洞下 凉 如 人

Fuzhih cingq raen gaiq yienghneix
伏羲 正在 看见 件 这样
Youh aeu faexsaux lanz gvaq gyang
又 用 竹竿 拦 过 中间
Youh aeu faexsaux lanz gvaq gvangq
又 用 竹竿 拦 过 宽广

Baenz gaj baenz gvangq yiengh bouxvunz
这么 卡 这么 宽广 让 别人

Fuzhih lienzseiz ngeix gijgiet
伏羲 及时 想 不断
Youh aeu gimbit ma biumingz
又 用 金笔 来 标名
Youh an singq Lamz gyap singq Loeg
又 安姓 蓝 和 姓 陆
An sam bak roek singq vunz raeuz
安 三 百 六 姓 人 我们

Youh an singq Liengz gyap singq Lij
又 安姓 梁 和 姓 李
An sam bak seiq singq vunz raeuz
安 三 百 四 姓 人 我们
Loeg cib gyapceij mwngz an liux
六 十 甲子 你 安完
Youh ndaej diswj guh singq Cinz
又 得 弟子 做 姓 覃

Lajmbwn vunz lai giz youh giz
天下 人 多处 又 处
Hongreih hongnaz caux gwn youq
地活 田活 造 吃 住
Miz boux coit boux co'ngeih
有(的) 个(人) 初一 个(人) 初二
Miz boux guh faengx boux guh ceiz
有(的) 个(人) 做 粽子 个(人) 做 馍

Sam、Ciengq Samvuengz
三、唱三皇

Yangzsouj diuq
扬首 吊
Goemz gyaeuj youh daj fwngz siuyieng
俯 (头)首 又 打 手 烧香

Saengq dwk gosing diuqlingz yiengj
震 得 歌声 吊玲 响
Samvuengz daihdaeq lingmingz yiengz
三皇 大帝 令名 扬
Ginhcauh naengh youq Suijmeizmiuh
今朝 坐 在 水眉庙
Goengcwnz dawz ciengj bae daengz limz
巡捕 拿 状(书信) 去 到 光临

Haeuj daengz caiciengz neix vihnaengh
进 到 斋场 这 座位
Sae doengz gijbonj ciengq hangzcingz
师傅 同 本子 唱 行情
Bonj ciengq cenzvangz bingz haujhan
本 唱 前王 评 好汉

Lwnh ciengq dangco bohmeh seng
论 唱 当初 父母 生

Bohmeh cingq seng daemznaz noix
父母 正 生 田地 少
Mij miz haeuxgok gwn gvaq bi
没 有 稻谷 吃 过 年
Mij miz haeuxgok gwn gvaq ndwen
没 有 稻谷 吃 过 月
Gwnzbya lajgamh gvak reih rum
山上 岩洞下 挖 畲地 草

Gorum go'haz sou cix gvak
杂草 茅草 你们 也 挖
Go'gyoij gocieg sou hix faenz
芭蕉树 野芭蕉树 你们 也 砍
Gofaex yiengh ndang sou hix raemj
树木 一样 身体 你们 也 砍
Caz coeg yiengh oen sou hix faenz
丛 荆棘 像 刺 你们 也 砍

Ngoenz sou gvaq reih giz doiq giz
每天 你们 过 畲地 处 又 处
Mbouj ngeix bae comz doiqgouh yieng
不 想 去 集中 对付 香火
Go le caengz dai mbaw caengz reuq
树木 呀 未 死 叶子 未 枯萎

Diemj feiz duzroeg haeujbae mbouj
点 火 鸟 进去 不

Diemj feiz duzroeg haeujbae coh
点 火 鸟 进去 向
Hoenzyieng gaujgoed bae daengz gwnz
香魂 缭绕 去 到 上面
Sam duz fozlaux ndaej gwn doh
三 个 佛老 得 吃 遍
Haj duz fozboh ndaej gwn yinz
五 个 佛父 得 吃 匀

Fozlaux ndaej gwn duz roxnyinh
佛老 得 吃 个 知道
Youh cai Dabwz roengzdaeuj cwnz
又 差使 大伯 下来 巡查
Dabwz daeuj daengz henz naz muengh
大伯 来 到 边 田 望
Muengh raen Samvuengz gvaq reih rum
望 见 三皇 过 畲地 草

Dabwz haivah Samvuengz naeuz
大伯 发话 三皇 说
Lajdeih bouxlawz daj saeq hung
地下 哪个 从 小 大
Lajdeih bouxlawz daj saeq mbwk
地下 哪个 从 小 大

Hoenzyieng gaujgoed bae daengz gwnz
香魂 缭绕 去 到 上面

Sam duz fozlaux ndaej gwn doh
三 个 佛老 得 吃 遍
Haj duz fozboh ndaej gwn yinz
五 个 佛父 得 吃 匀
Fozlaux ndaej gwn duz roxnyinh
佛老 得 吃 个 知道
Baij gou Dabwz roengzdaeuj cwnz
派 我 大伯 下来 巡查

Dabwz haivah Samvuengz naeuz
大伯 发话 三皇 说
Lajdeih mij miz daj saeq hung
地下 没 有 从 小 大
Bohmeh cingq seng daemznaz noix
父母 正 生 田地 少
Mij miz haeuxgok gwn gvaq bi
没 有 稻谷 吃 过 年

Mij miz haeuxgok gwn gvaq ndwen
没 有 稻谷 吃 过 月
Gwnzbya lajgamh gvak reih rum
山上 岩洞下 挖 畲地 草
Gorum go'haz dou hix gvak
杂草 茅草 咱们 也 挖

Go'gyoij gocieg dou hix faenz
芭蕉树 野芭蕉 咱们 也 砍

Gofaex yiengh ndang dou hix raemj
树木 一样 身体 咱们 也 砍
Caz coeg yiengh oen dou hix faenz
丛 荆棘 一样 刺 咱们 也 砍
Ngoenz dou gvak reih giz doiq giz
每天 咱们 锄 地 处 又 处
Mbouj ngeix bae comz doiqgouh yieng
不 想 去 集中 对付 香火

Go le caengz dai mbaw caengz reuq
树木 呀 未 死 叶子 未 枯萎
Diemj feiz duzroeg haeujbae mbouj
点 火 鸟 进去 不
Diemj feiz duzroeg haeujbae coh
点 火 鸟 进去 向
Hoenzyieng gaujgoed bae daengz gwnz
香魂 缭绕 去 到 上面

Sam duz fozlaux ndaej gwn doh
三 个 佛老 得 吃 遍
Haj duz fozboh ndaej gwn yinz
五 个 佛父 得 吃 匀
Fozlaux ndaej gwn duz roxnyinh
佛老 得 吃 个 知道

Baij gou Dabwz roengzdaeuj cwnz
派 我 大伯 下来 巡查

Dabwz hai vah Samvuengz naeuz
大伯 开 话 三皇 说
Lajdeih mij miz daj saeq hung
地下 没 有 从 小 大
Bohmeh cingq seng daemznaz noix
父母 正 生 田地 少
Mij miz haeuxgok gwn gvaq bi
没 有 稻谷 吃 过 年

Mij miz haeuxgok gwn gvaq ndwen
没 有 稻谷 吃 过 月
Gwnzbya lajgamh gvak reih rum
山上 岩洞下 锄 畲地 草
Gorum go'haz dou hix gvak
杂草 茅草 咱们 也 割
Go'gyoij gocieg dou hix faenz
芭蕉树 野芭蕉 咱们 也 砍

Gofaex yiengh ndang dou hix raemj
树木 一样 身体 咱们 也 砍
Caz coeg yiengh oen dou hix faenz
丛 荆棘 一样 刺 咱们 也 砍
Ngoenz dou gvak reih giz doiq giz
每天 咱们 挖 地 处 又 处

Mbouj ngeix bae comz doiqgouh yieng
不 想 去 集中 对付 香火

Go le caengz dai mbaw caengz reuq
树木 呀 未 死 叶子 未 枯萎
Diemj feiz duzroeg haeujbae mbouj
点 火 鸟 进去 不
Diemj feiz duzroeg haeujbae coh
点 火 鸟 进去 向
Hoenzyieng gaujgoed bae daengz gwnz
香魂 缭绕 去 到 上面

Sam duz fozlaux ndaej gwn doh
三 个 佛老 得 吃 遍
Haj duz fozboh ndaej gwn yinz
五 个 佛父 得 吃 匀
Fozlaux ndaej gwn duz roxnyinh
佛老 得 吃 个 知道
Baij gou Dabwz roengzdaeuj cwnz
派 我 大伯 下来 巡查

Dabwz ndaejnyi coenz yienghneix
大伯 听见 句 这样
Lienzseiz ma vih daengz bae mbwn
及时 回 位 到 去 天上
Bae daengz gwnzmbwn lwnh fozlaux
去 到 天上 论 佛老

Lajdeih mijmiz daj saeq hung
地下 没有 从 小 大

Cij danq Samvuengz daemznaz noix
只 叹 三皇 田地 少
Mij miz haeuxgok gwn gvaq bi
没 有 稻谷 吃 过 年
Mij miz haeuxgok gwn gvaq ndwen
没 有 稻谷 吃 过 月
Gwnzbya lajgamh gvak reih rum
山上 岩洞下 挖 畲地 草

Gorum go'haz de hix gvak
杂草 茅草 他 也 挖
Go'gyoij gocieg de hix faenz
芭蕉树 野芭蕉 他 也 砍
Gofaex yiengh ndang de hix raemj
树木 一样 身体 他 也 砍
Caz coeg yiengh oen de hix faenz
丛 荆棘 一样 刺 他 也 砍

Ngoenz de gvak reih giz doiq giz
每天 他 挖 地 处 又 处
Mbouj ngeix bae dawz doiqgouh yieng
不 想 去 拿 对付 香火
Go le caengz dai mbaw caengz reuq
树木 呀 未 死 叶子 未 枯萎

Diemj feiz duzroeg haeujbae mbouj
点 火 鸟 进去 不

Diemj feiz duzroeg haeujbae coh
点 火 鸟 进去 向
Hoenzyieng gaujgoed bae daengz gwnz
香魂 缭绕 去 到 上面
Fozlaux ndaejnyi coenz yienghneix
佛老 听见 句 这样
Soengq ndaej ganggim dem gangngaenz
送 得 金缸 和 银缸

Soengq ndaej ganggim ma co reih
送 得 金缸 来 租 畲地
Soengq ndaej gangngaenz ma co naz
送 得 银缸 来 租 田
Samvuengz cingq raen gag siengjngeix
三皇 正 见 自己 想
Fat hawj nuengx neix ma cawj ringz
发 给 弟弟 这 回来 煮 午餐

Cij danq nuengx neix sim mbouj soh
只 叹 弟弟 这 心 不 正
Youh aeu ywdoeg coh haeuxringz
又 要 毒药 放进 午餐
Youh aeu ywdoeg coh haeuxguenq
又 要 毒药 放进 罐饭

Yaek suenq song beix mingh gvi yaem
将要 算计 两 兄 命 归 阴间

Song beix youq laeng sim mbouj soh
两 兄 在 后 心 不 正
Youh daengz daihloh vat congh gumz
又 到 大路 挖 洞 坑
Nuengx neix daeuj daengz langhnaeuz ndumq
弟弟 这 来 到 以为 喝
Sam buenz haeuxringz genj raeuz gwn
三 盆 午饭 选 我们 吃

Sam faenh gim ngaenz genj raeuz ndaej
三 份 金 银 选 我们 得
Sam buenz haeuxringz genj raeuz gwn
三 盆 午饭 选 我们 吃
Nuengx neix daeuj daengz neix cingq ndumq
弟弟 这 来 到 这 正 喝
Sam buenz haeuxringz gvaq sou gwn
三 盆 午饭 过 你们 吃

Gwn gaemz daih'it dungx luenhli
吃 口 第一 肚子 闹
Gwn gaemz daihngeih dungx luenhlinz
吃 口 第二 肚子 翻滚
Gwn gaemz daihsam bae ndaw laep
吃 口 第三 去 里 黑处

Song beix saet mingh gvi yaemsae
两 兄 丢失 命 归 阴司

Samvuengz boux cix sim caenh nduk
三皇 个 也 心 尽 坏
Sam ce ngaenz dwk bienq baenz rin
三 留 银 着 变 成 石头
Samvuengz mij miz gaiq maz beij
三皇 没 有 件(东西) 什么 比
Raeuz aeu ndwn gyang beij Samvuengz
我们 要 站 中间 比 三皇

Mbouj saenq sou cwnz ndwn gyang dingh
不 信 你们 巡看 站 中间 定
Rog de luenzlu ndaw sam sim
外面 他 圆圆的 里面 三 心
Rog de luenzlu ndaw sam limq
外面 他 圆圆的 里面 三 层
Samvuengz couhseih yienghde sim
三皇 就是 这样 心

Samvuengz mij miz gaiqmaz beij
三皇 没 有 什么 比
Aeu raeuz lwgbug beij Samvuengz
要 我们 柚子 比 三皇
Mbouj saenq sou cwnz lwgbug dingh
不 信 你们 查看 柚子 定

Rog de luenzlu ndaw lai yiuz
外面 他 圆圆的 里面 多 丝

Rog de luenzlu ndaw lai daez
外面 他 圆圆的 里面 多 点
Samvuengz couhseih yienghde sim
三皇 就是 这样 心
Samvuengz mij miz gaiqmaz beij
三皇 没 有 什么 比
Raeuz aeu lwgfangz beij Samvuengz
我们 要 鬼仔 比 三皇

Mbouj saenq sou cwnz lwgfangz dingh
不 信 你们 巡看 鬼仔 定
Baihndaw sim cax rog lai limq
里面 心 疏 外面 多 片
Daengz ndaw luenzlu rog lai daez
到 里 圆圆的 外 多 点
Samvuengz couhseih yienghde sim
三皇 就是 这样 心

Cai raeuz hix caenh nanh hix caenh
灾 我们 也 尽 难 也 尽
Caenh cai caenh nanh fuk couh limz
尽 灾 尽 难 福 就 来临
Cai raeuz hix caenh nanh hix caenh
灾 我们 也 尽 难 也 尽
Feiz coemh dauq soengq naj dou miuh
火 烧 又 送 前 门 庙

Seiq、Leizvangz
四、雷王

Yangzsouj diuq
扬首 吊
Goemz gyaeuj youh daj fwngz vanzsanh
俯 头(首) 又 打 手 还山

Saengq dwk gosing diuqlingz yiengj
震 得 歌声 吊玲 响
Samyez Leizvangz gyangq godanz
三爷 雷王 降 歌坛
Ginhcauh naengh youq Hwngzcouhmiuh
今朝 坐 在 横州庙
Goengcwnz dawz ciengj bae daengz langz
巡捕 拿 状(书信) 去 到 郎(那里)

Langz le ndaejnyi sawciengj cingj
郎 呢 听见 状(书信) 请
Gipcai Banh Dangh langh max langz
急差 潘 当 放 马 郎
Cij danq Banh Dangh rox langh max
只 叹 潘 当 懂 放 马

Youh langh daegmax daeg dauq yien
又 放 公马 匹(指雄性) 又 牵

Daegmax bwncoeng roengz hix fuz
公马 鬃毛 下来 就 扶
Lizyungj biu'ho gangjgonq langz
力勇 飞奔 前面 郎
Daegmax bwncoeng roengz hix fad
公马 鬃毛 下来 就 鞭打
Lizyungj biuda gangjgonq langz
力勇 奔驰 前面 郎

Max daiq gim'an mbouj yungh fad
马 戴 金鞍 不 用 鞭打
Baez fad seizgan daengz danz langz
一 鞭打 时间(瞬间) 到 坛 郎
Ma daengz naj danz cix roengz max
回 到 前 坛 就 下 马
Samsae gaem ngauq laeuj max langz
三师 抓 个 酒 马 郎

Samsae gaem gen ciep max daeuj
三师 握 胳膊 接 马 来
Laeujyangz gimboi ndenq fwngz langz
洋酒 金杯 递 手 郎
Laeujyangz dawz bak gam cij suenq
洋酒 合 口 甘甜 才 算

Sae doengz gij bonj ciengq danz langz
师 同 那 本子 唱 坛 郎

Bonj ciengq cenzvangz bingz haujhan
本 唱 前王 评 好汉
Lwnh ciengq dangco bohmeh seng
论 唱 当初 父母 生
Daih'it cij seng Fungbwz beix
第一 只 生 凤白 兄
Daihngeih cij seng Hujgouj langz
第二 只 生 虎九 郎

Daihsam cij seng Leizcouh'an
第三 只 生 雷州案
Song de gigiet lumj canj daeng
俩 他 孤零零 像 盏 灯
Bohmeh cingq seng naz mbouj reih
父母 正 生 田 没 畲地
Gwnzndoi gwnzlueg hag dinfwngz
坡上 山沟上 学 手艺

Hag ngoenz daih'it ndaej dawz feiz
学 天 第一 得 拿 火
Hag ngoenz daihngeih ndaej dawz rumz
学 天 第二 得 拿 风
Hag ngoenz daihsam ndaej dawz raemx
学 天 第三 得 拿 水

Ndaej rumz ndaej raemx ma dawz fwngz
得 风 得 水 来 拿 手

Ndaej rumz ndaej raemx ma yaeng naengh
得 风 得 水 来 才 坐
Vaq guh rumzrengx song sam bi
化 做 旱风 两 三 年
Sam bi rumzrengx fwn mbouj coh
三 年 旱风 雨 不 向(来)
Roek bi rumzrengx fwn mbouj roengz
六 年 旱风 雨 不 下

Nazmbwnq cij bienq baenz nazrengx
烂泥田 才 变 成 旱田
Nazrengx cij geng baenz byarin
旱田 才 硬 成 石山
Go'haeux ndawnaz hix mbouj maj
稻秧 田里 也 不 长
Go'gyaj ndawreih hix mbouj noengq
禾苗 畲地里 也 不 茂盛

Go'byaek ndawsuen caenh dai laemx
菜 园里 尽 死 倒
Gaeq faeg ndawcamj hix daigaemz
鸡 孵 罩里 也 闷死
Gwnzmbwn mbouj raen meuzmeh ndaem
天上 不 见 母猫 黑(指乌云)

Byacwx mbouj raen caek raemx lae
大明山 不 见 阶 水 流

Gwnzmbwn mbouj raen meuzmeh o
天上 不 见 母猫 紫(色)
Byacwx mbouj raen duj raemx lae
大明山 不 见 朵 水 流
Gwnzmbwn o hoengz yiengh lumj lwed
天上 紫色 红色 样子 像 血
Lajdeih namh dek lumj feiz cik
地下 土 裂 像 火 烤

Bouxlaux raen raemx laihnaeuz laeuj
老人 看见 水 以为 酒
Lwgnyez raen haeux ndang caenh yungz
小孩 看见 饭 身体 尽 幸福
Duzma dungx iek mbouj ndaej raeuq
狗 肚子 饿 不 得 吠
Duzgaeq dungx iek mbouj ndaej haen
鸡 肚子 饿 不 得 啼

Raemxdah raemxraengz haeuj ndaej bouj
河水 潭水 进 得 补充
Lungzvangz duet goet haenz daihhaij
龙王 脱 骨 边(岸) 大海
Bouxlaux ndawmbanj ciengx cwxcaih
老人 村里 养 自在

Cingj goeng bohlungz daeuj gouz dien
请 个 伯父 来 求 天

Cingj goeng bohlungz daeuj gouz fwn
请 个 伯父 来 求 雨
Gouz lungz yinh raemx wngq miuz naz
求 龙 运 水 应 禾苗 田
Bohlungz ndaejnyi coenz yienghneix
伯父 听见 句 这样
Lienzseiz ma vih bae gouz mbwn
及时 回来 位子 去 求 天

Sam haemh gouz fwn laj gocuk
三 晚 求 雨 下 竹子
Roek haemh gouz fwn laj gofaiz
六 晚 求 雨 下 楠竹
Raeuz mij gouz fwn mbwn gvaq dumh
我们 没 求 雨 天 过 淹没
Neix daengz gouz fwn mbwn gvaq sang
这 到 求 雨 天 过 高

Lwgnyez gwnzndoi riu cijcw
小孩 坡上 笑 嘻嘻
Bohlungz gouz fwn ngoenz mij roengz
伯父 求 雨 一天 没 下
Naeuz mwngz bohlungz mij miz fap
说 你 伯父 没有 法子

Mij ndaej caij daeb duz Leizvangz
没 得 踩 踏 个 雷王

Bohlungz mbouj souh coenz yienghneix
伯父 不 接受 句 这样
Youh aeu vanj raemx ciuq lungzgan
又 要 碗 水 照 旱龙
Youh aeu vanj raemx ciuq mehlungz
又 要 碗 水 照 龙母
Gwih lungz gwih fungh hwnj mbwn sang
骑 龙 骑 凤 上 天 高

Bae daengz gwnzmbwn coh naz muengh
去 到 天上 向 田 望
Daemz hung daemz gvangq langh lienzlienz
水塘 大 水塘 宽广 波浪 涟涟
Gou laih gwnzmbwn mij miz raemx
我 以为 天上 没 有 水
Lwg gou raen raemx ndang caenh yungz
孩子 我 看见 水 身体 尽 幸福

Muengh raen lwg mwngz cuk hwnj dah
望 见 孩子 你 筑拦 起 河
Muengh raen yah mwngz cuk hwnj daemz
望 见 婆婆 你 筑拦 起 塘
Bohlungz hai vah lwg mwngz naeuz
伯父 开 话 孩子 你 说

Mwngz baez coenz hauq dingq gou naeuz
你 一 句 好 听 我 说

Bouxlawz hawj mwngz cuk hwnj dah
哪个 给 你 筑 起 河
Bouxlawz hawj mwngz daj hwnj daemz
哪个 给 你 打 起 塘
Lwg mwngz hai vah bohlungz naeuz
孩子 你 开 话 伯父 说
Leizvangz hawj gou daj hwnj daemz
雷王 给 我 打 起 塘

Bohlungz hai vah lwg mwngz naeuz
伯父 开 话 孩子 你 说
Leizvangz seizneix duz youq lawz
雷王 现在 个 在 哪里
Lwg mwngz hai vah lwg mwngz naeuz
孩子 你 开 话 孩子 你 说
Mwngz baez coenz hauq dingq gou naeuz
你 一 句 好 听 我 说

Gyanghaemh Leizvangz youq baihbaek
晚上 雷王 在 北边
Gyanghaet Leizvangz youq baihdoeng
早上 雷王 在 东边
Gyangngoenz Leizvangz naengh gimdienh
白天 雷王 坐 金殿

Fwngz gaem fag giemq dingh yafanz
手 拿 把 剑 定 下凡

Fwngz gaem fag giemq dingh diendeih
手 拿 把 剑 定 天地
Mbouj hawj caek raemx lae doxroengz
不 给 阶 水 流 往下
Mbouj hawj caek raemx lae doeng laj
不 给 阶 水 流 通 下
Mwngz dang yaek gaj laj fanzminz
你 当 要 杀 下 凡民

Bohlungz ndaejnyi coenz yienghneix
伯父 听见 句 这样
Lienzseiz ma vih haenq hwnj sang
及时 回 位子 狠 上 高
Bae daengz gwnz dangz coh naz muengh
去 到 上 堂 向 田 望
Muengh raen Leizvangz naengh gwnz dangz
望 见 雷王 坐 上 堂

Muengh raen Leizvangz naengh gimdienh
望 见 雷王 坐 金殿
Fwngz gaem fag giemq dingh yafanz
手 拿 把 剑 定 下凡
Bouxlawz cah oen mbouj hawj roengz
哪个 围 荆棘 不 给 下

Gou lai hwnj mbwn mij miz raemx
我 多上 天 没有 水

Lwg gou raen raemx de cix daej
孩子我 看见水 他就哭
Nuengx gou raen raemx ndang cix yungz
妹妹 我 看见水 身体 就 幸福
Bohlungz dangciengz hoz mbouj fug
伯父 当场 脖子(心)不 服
Doh mwngz Leizvangz laj gimgiuh
打 你 雷王 下 金轿

Caij mwngz Leizvangz laj gimdienh
踩 你 雷王 下 金殿
Fwngz rag fag giemq canj giuzndaeng
手 拉 把 剑 斩 鼻梁
Leizvangz dangciengz heuhliuliu
雷王 当场 叫喳喳
Bak ngeih loizbyaj mbouj gouq gou
百 二 雷电 不 救 我

Bak ngeih loizbyaj cix mbouj gouq
百 二 雷电 也不 救
Hawj gou bohlungz daeuj daengz limz
给 我 伯父 来 到 光临
Loizbyaj dangciengz dumh daemz dah
雷电 当场 淹没 塘 河

Bohlungz youq lawz aeu bang dou
伯父　在　哪　要　帮　我们

Leizvangz hai vah bohlungz dauq
雷王　发 话　伯父　回来
Mwngz le ma vih roengzbae ranz
你　呢 回来 位子 下去　家
Mwngz le bae ranz ndaej sam haemh
你　呢 去 家　得　三　晚
Caek raemx mbouj cij suenq faenh gou
筒　水　不　只 算　份　我

Bohlungz ma ranz ndaej sam haemh
伯父　回 家　得　三　晚
Heiq sang giget roengz daeuj naeuz
怒气 高　连连 下　来　说
Gijneix Leizvangz haenq baenz coj
这些　雷王　恨　成　一辈子
Mbouj rox gaj vunz rox gaj vaiz
不　懂 杀 人　或 杀 牛

Gijneix Leizvangz haenq mbei dek
这些　雷王　恨　胆　破
Mbouj rox bek daengq rox bek daiz
不　懂 拍 凳子　或 拍 桌子
Bohlungz ndaejnyi coenz yienghneix
伯父　听见　句　这样

Bae heuh Cauqvangz daeuj doxyaeng
去 叫 灶王 来 商量

Bae heuh Cauqvangz daeuj dajsuenq
去 叫 灶王 来 打算
Gou biek Leizvangz yienghlawz yaeng
我 告别 雷王 怎样 商量
Cauqvangz hai vah bohlungz naeuz
灶王 发 话 伯父 说
Mwngz aeu diuz rij ma hoh ranz
你 要(挖) 条 小溪 来 护 家

Miz gaiq hoh laengz cix mbouj lau
有 东西 护 拦 就 不 怕
Leizvangz daeuj baz cij mbouj doeng
雷王 来 爬 才 不 通
Sam nyied cosam mbwn laepliengq
三 月 初三 天 漆黑
Leizvangz cingq siengj daeuj baz ranz
雷王 正 想 来 爬 屋

Bohlungz cingq raen gag swhsiengj
伯父 正 看见 自己 思想
Youh gaem rin caengh daengz gwnzbya
又 拿 石 称 来到 山上
Bohlungz gaem caengh daengz ranz naj
伯父 拿 称杆 到 家 前

Mehbaj gaem gyaq daengz ranz laeng
伯母 拿 架子 到 家 后

Baez med daih'it daengz lajroq
次 眨 第一 到 屋檐下
Baez med daihngeih daengz lajmbwn
次 眨 第二 到 天下
Baez med daihsam loiz cingq baz
次 眨 第三 雷王 正 爬
Din caij Leizvangz coh lajcamh
脚 踩 雷王 向 楼板下

Mehbaj gaem gyaq daengz couh gaq
伯母 拿 架子 到 就 架起来
Ndaej dawz Leizvangz de caek camx
得 把 雷王 他 刺 戳
Mehliuz ranzgwnz heuh naeuz gaj
婶婶 上家 叫 说 杀
Mehbaj ranzlaj daeuj naeuz gyaeng
伯母 下家 来 说 关起来

Dawz mwngz Leizvangz cix mbouj gaj
抓到 你 雷王 也 不 杀
Dawz mwngz dauqlaj cah aeu oen
抓到 你 下面 围 用 荆棘
Bohlungz ndaejnyi coenz yienghneix
伯父 听见 句 这样

Youh dawz Leizvangz roengzbae gyaeng
又 把 雷王 下去 关押

Youh dawz Leizvangz haeuj cang hoh
又 把 雷王 入 仓 护
Youh aeu faexliux hawj mwngz linz
又 要 柳树 给 你 荫
Mwngz linz faexliux langh baenz ngauq
你 荫 柳树 放 成 块
Langh mwngz Loizbyaj daengz bae mbwn
放 你 雷王 到 去 天边

Mwngz linz faexliux mij baenz ngauq
你 荫 柳树 不 成 块
Gaj mwngz Loizbyaj caeuq roekcaen
杀 你 雷王 和 六亲
Leizvangz ndaejnyi coenz yienghneix
雷王 听到 句 这样
Youh aeu faexliux dawz ma linz
又 用 柳树 拿 来 荫

Baez linz daih'it ndaej sam cik
次 荫 第一 得 三 尺
Baez linz daihngeih ndaej sam faen
次 荫 第二 得 三 分
Baez linz daihsam ndaej sam ciengh
次 荫 第三 得 三 丈

Muengh ndauq faexliux neix yaek lumj
望 个 柳树 这 要 像

Cij danq gyangngoenz dajgyanhgyauh
只 叹 太阳 要脾气
Duzlinz ndaej cik duz haeb cik
麒麟 得 尺 个 咬 尺
Duzlinz ndaej ciengh de haeb ciengh
麒麟 得 丈 它 咬 丈
Bohlungz mij raen linz youq lawz
伯父 没 见 麒麟 在 哪里

Bohlungz hai vah mehbaj naeuz
伯父 开 话 伯母 说
Mwngz baez coenz hauq dingq gou naeuz
你 次 句 好 听 我 说
Mwngz le bae haw cawx gang ba
你 呢 去 圩 买 缸 吧
Gou le bae laj cawx aeu gyu
我 呢 去 下面 买 要 盐

Mwngz le bae haw cawx gang ba
你 呢 去 圩 买 缸 吧
Fuengz duz Loizbyaj gaj roekcaen
防 个 雷电 杀 六亲
Bohlungz yaek bae haw dih seiz
伯父 要 去 圩 的 时候

Youh daengq Fuzhih song sam coenz
又 吩咐 伏羲 两 三 句

Leizvangz cam raemx sou gaej hawj
雷王 问 水 你们 别 给
Leizvangz cam fouj sou gaej faen
雷王 问 斧头 你们 别 分(给)
Leizvangz ndaej raemx rox guh yak
雷王 得 水 懂 做 恶
Leizvangz ndaej fouj rox baz cang
雷王 得 斧头 懂 爬 仓

Raemx ndaw gang caeng aeu rim
水 里 缸 盛 要 满
Raemx ndaw bat dang aeu muenx
水 里 罐 当 要 满
Bohlungz bae haw caenh caengz dauq
伯父 去 圩 只 未 回
Leizvangz gya gawq cam Fuzhih
雷王 加 一句 问 伏羲

Leizvangz hai vah Fuzhih nuengx
雷王 开 话 伏羲 妹妹
Mwngz aeu di raemx ma gou gwn
你 要 点 水 来 我 喝
Fuzhih hai vah Leizvangz naeuz
伏羲 开 话 雷王 说

Mwngz baez coenz hauq dingq gou naeuz
你 次 句 好 听 我 说

Gaiq cix boh gou caenh daengq liux
件 也 父亲 我 尽 吩咐 了
Danh noix raemxmboq boh mij naeuz
但 少 泉水 父亲 没 说
Danh noix raemx mboq boh mij daengq
但 少 水 泉 父亲 没 吩咐
Cam mwngz Leizvangz gwn mbouj gwn
问 你 雷王 吃 不 吃

Leizvangz hai vah Fuzhih naeuz
雷王 开 话 伏羲 说
Mwngz baez coenz hauq dingq gou naeuz
你 次 句 好 听 我 说
Gou youq gwnzmbwn gou guh mbwk
我 在 天上 我 做 女人(客气)
Daengz laj dawz cuk hix goj gwn
到 下面 拿 粥 也 可 吃

Fuzhih hai vah Leizvangz naeuz
伏羲 开 话 雷王 说
Raemxmboq yiengh lawz ndaej doxdoeng
泉水 样 哪里 得 相通
Leizvangz hai vah Fuzhih naeuz
雷王 开 话 伏羲 说

Bae aeu haz heu ma gya rim
去 要 茅草 青 来 加 满

Bae aeu haz heu ma gya gienj
去 要 茅草 青 来 加 卷
Raemxmboq cingqcaen ndaej doxdoeng
泉水 真正 得 相通
Gwn gaemz daih'it cix hoz hawq
吃 口 第一 也 喉咙 渴
Gwn gaemz daihngeih cix hoz gan
吃 口 第二 也 喉咙 干

Gwn gaemz daihsam dumh danz mboq
吃 口 第三 淹没 潭 泉
Aendaengq cingq sanq doq biqbyanz
凳子 正 散 马上 哗啦啦
Bae daengz gwnz camh coh naz muengh
去 到 上 木楼 向 田 望
Mbouj miz gaiq maz doengz nuengxlwnz
没 有 东西 什么 同 妹妹

Fwngz lumh ndaw ndang goj raeujrab
手 摸 里 身体 也 暖和
Youh lumh ndaw bak ndaej seng faenz
又 摸 里 嘴 得 生(长) 牙齿
Fwngz lumh ndaw bak ndaej seng faenz
手 摸 里 嘴 得 生(长) 牙齿

Hawj mwngz Fuzhih dawz bae ndaem
给 你 伏羲 拿 去 种

Vunz cix daiq bwnh dwk go'gyaj
人们 却 带 粪 施(肥) 禾苗
Mwngz cix daiq bwnh dwk gaiq faenz
你 却 带 粪 施(肥) 根 牙齿
It le bae ndaem sam bae dingh
一 呢 去 种 三 去 定
Di va boengjbengj youq gwnz gaeu
一点 花 小巧 在 上 藤

Sam le bae ndaem seiq bae dingh
三 呢 去 种 四 去 定
Di lwg loengjlengj youq lajmbaw
一些 果 玲珑 在 叶下
Aen mbwk goj miz aen rauh doiq
个 大 可 有 个 中等 对
Aen ndei goj miz aen cang hung
个 好 也 有 个 上 大

Cij danq Fuzhih lai genqgyau
只 叹 伏羲 多 聪明
Youh aeu mid reih vat doxdoeng
又 要 尖刀 锋利 挖 相通
Youh aeu mid reih vat guh congh
又 要 尖刀 锋利 挖 做 洞

Song din youh caij ndawde soengz
两 脚 又 踩 里面 站

Loiz daengz gwnzmbwn loiz guh yak
雷王 到 天上 雷王 作 恶
Lienzseiz dajnauh gwnzmbwn sang
及时 打闹 天上 高
Bohlungz bae haw caenh caengz dauq
伯父 去 圩 只 未 回来
Duz maz dajnauh gwnzmbwn sang
个 什么 打闹 天上 高

Vunz haw youh gangj naeuz loiz laeng
人 圩 又 讲 说 雷王 背后
Bohlungz langh heiq lajgai gang
伯父 放(消) 气 街(下) 缸
Loiz daengz gwnzmbwn loiz guh yak
雷王 到 天上 雷王 作 恶
Lienz coh lwg byaj song sam ngoenz
连续 向 孩子 骂 两 三 天

Youh coh lwg byaj song sam haemh
又 向 孩子 骂 两 三 晚
Song sam dih haemh raemx dumh mbwn
两 三 个 晚上 水 淹没 天
Fuzhih cingq raen gaiq yienghneix
伏羲 正 看见 东西 这样

Song sou beixnuengx ndawde soengz
俩 你们 兄妹 里面 站

Song sou beixnuengx ndawde naengh
俩 你们 兄妹 里面 坐
Ij cou gijraemx liux bae mbwn
要 抽 水 完 去 天上
Bae daengz gwnzmbwn heuhliuliu
去 到 天上 叫喳喳
Gaeuj mwngz Leizvangz yienghlawz an
看 你 雷王 怎样 安

Leizvangz ndaejnyi coenz yienghneix
雷王 听见 句 这样
Lienzseiz ma vih okdaeuj cam
及时 回 位子 出来 问
Leizvangz hai vah Fuzhih nuengx
雷王 开 话 伏羲 妹
Lajdeih dai liux roxnaeuz caengz
地下 死 完 或者 否

Fuzhih hai vah Leizvangz beix
伏羲 开 话 雷王 兄
Lajdeih dai le mij raen lwg
地下 死 了 没 见 孩子
Leizvangz hai vah Fuzhih naeuz
雷王 开 话 伏羲 说

Bohmeh mwngz youq roxnaeuz dai
父母 你 在 或者 死

Fuzhih hai vah Leizvangz naeuz
伏羲 开 话 雷王 说
Song de bouxlaux goj mij dai
俩 他们 老人 也 未 死
Boh gou naengh ruz bae gangjgonq
父亲 我 坐 船 去 前面
Meh gou naengh roengq caemh laeng gaen
母亲 我 坐 笼子 也 后面 跟

Leizvangz ndaejnyi coenz yienghneix
雷王 听见 句 这样
Vaq guh mbaj doek daeuj gaet ruz
化 做 蝴蝶 落下 来 咬 船
Gaet baez daih'it gaet mbouj doengh
咬 次 第一 咬 不 动
Gaet baez daihngeih ruz mbouj fan
咬 次 第二 船 不 翻

Gaet baez daihsam ruz mbouj sanq
咬 次 第三 船 不 散
Bohlungz gaem giemq daengz yaek faenz
伯父 拿 剑 到 要 砍
Bak ngeih Loizbyaj roengzdaeuj yienq
百 二 雷电 下来 劝说

Song mbiengj hengz ndei gaej hengz yak
两 边 行 好 别 行 恶

Leizvangz youq mbwn guenj dienyah
雷王 在 天 管 天下
Bohlungz youq laj guenj lwgminz
伯父 在 下 管 人民
Bohlungz hai vah Loizbyaj naeuz
伯父 开 话 雷电 说
Sou baez coenz hauq dingq gou naeuz
你们 次 句 好 听 我 说

Raemx dumh lajmbwn vunz dai liux
水 淹没 天下 人 死 光
Gou bae lajmbwn guenj duz maz
我 去 下天 管 个 什么
Loizbyaj hai vah bohlungz naeuz
雷电 开 话 伯父 说
Mwngz baez coenz hauq dingq gou naeuz
你 次 句 好 听 我 说

Raemx dumh lajmbwn vunz dai liux
水 淹没 天下 人 死 光
Fuzhih cejnuengx caux yinzminz
伏羲 姐弟 造 人民
Hawj mwngz bohlungz roengzbae laj
给 你 伯父 下去 下面

Cog aen dienyah goj miz vunz
以后 个 天下 可 有 人

Cai raeuz hix caenh nanh hix caenh
灾 我们 也 尽 难 也 尽
Caenh cai caenh nanh fuk couh limz
尽 灾 尽 难 福 就 来临
Cai raeuz hix caenh Hwngzcouhmiuh
灾 我们 也 尽 横州庙
Feiz coemh dauq soengq miuh bakdou
火 烧 又 送 庙 门口

Haj、Sixvuengz
五、社王

Yangzsouj diuq
扬首 吊
Goemz gyaeuj youh roq gyong mbouj dingz
俯 头(首) 又 打 鼓 不 停

Saengq dwk gosing diuqlingz yiengj
震 得 歌声 吊玲 响
Baiqcingj Cinhvuj roengzdaeuj limz
拜请 真武 下来 光临
Ginhcauh naengh youq Hojdenhmiuh
今朝 坐 在 火天庙
Goengcwnz dawz ciengj bae daengz limz
巡捕 拿 状(书信) 去 到 光临

Lij ngauz gyaeuj lingz faed fwngz naengh
还 摇 头 玲 甩 手 坐
Sae doengz gijbonj ciengq hangzcingz
师父 同 本子 唱 行情
Bonj ciengq cenzvangz bingz haujhan
本子 唱 前王 评 好汉

Danq ciengq Cinhvuj laeb miuhdingz
叹　唱　真武　立　庙亭

Cij danq Banzguj caux diendeih
只 叹　盘古　造　天地
Laeb six　laeb miuh dingh gyaj caen
立　社坛 立　庙亭 定　假　真
Naenghvuengz fangzvuengz caz lajgyaiq
座王　鬼王　查 下界
Ywdoeg daeuj haih vunz raeuz gwn
毒药　来　害　人　我们 吃

San oz giz yungh yaem yiengz daz
善　恶 吉 凶　阴　阳　达
Gvailoz oz hij vunz cix singj
快乐　恶 喜 人　也 清醒
Cij danq Cinhvuj daeuj okseiq
只 叹　真武　来　出世
Naeuz gyoengq vwnhgveij hwnjbae mbwn
劝说　众　瘟鬼　上去　天

Heuh de bae mbwn guh Hajfangz
叫　他 去 天　做　五鬼
Vunz mbouj soujseiq daengz cazcwnz
人　不　经常　到　巡查
Mbouj you mbouj fanz di ienyangz
不　忧 不　烦　点 洋烟

Gouq boux hengz ndei boux cungsim
救 个 行 好 个 忠心

Cinhvuj daengz cingj coenz daihngeih
真武 到 请 句 第二
Heuh gyoengq fangzraq hwnjbae mbwn
叫 众 瘟鬼 上去 天
Vuengzraq Hajfangz caz lajgyaiq
瘟王 五鬼 查 下界
Hozluz Saehaij caengh dien bingz
合卢 师海 称 天 太平

Dienyah bingzmingz le vanzbei
天下 公平 了 完备
Beksingq coemh ceij soengq aencingz
百姓 烧 纸 送 恩情
Ndaej aen laeng dang daudwz cin
得 恩 后 当 道德 贞
Gouq seiq gizcungh dauq bingzan
救 世 其中 又 平安

Caicang subei gaep duzvuengz
斋庄 准备 入伙 大王
Cinhvuj daeuj gaeuj miz caen sim
真武 来 看 有 真 心
Seiqsae Cinhginh cenq bingmax
四师 真军 荐 兵马

Siu cai Dwzva haeuj gijling
消 灾 德化 进 命令

Raeuz ciengq baihdoeng Cau Yienzsai
我们 唱 东方 赵 元帅
Goujheiq mwngz gaem moeg gyap saenz
九气 你 拿 木 甲 辰
Goujheiq mwngz gaem moeg gyap cuk
九气 你 拿 木 甲 柱
Goj rag seiqsae hoh sixdingz
可 拉 四师 护 社亭

Conz aeu gouj fanh dem gouj bak
集中 要 九 万 和 九 百
Gouj cien gouj bak hoh sixdingz
九 千 九 百 护 社亭
Raeuz ciengq baihnamz Dwng Yienzsai
我们 唱 南方 邓 元帅
Samheiq mwngz gaem hoj bingj dingh
三气 你 拿 火 丙 丁

Samheiq mwngz gaem hoj bingj cuk
三气 你 拿 火 丙 柱
Goj rag seiqsae hoh sixdingz
可 拉 四师 护 社亭
Raeuz daengz baihnamz cenq bingmax
我们 到 南方 荐 兵马

Cenq aeu sam fanh dem sam cib
荐 要 三 万 和 三 十

Cenq aeu sam cien dem sam bak
荐 要 三 千 和 三 百
Sam cib sam boux hoh sixdingz
三 十 三 个 护 社亭
Raeuz ciengq baihsae Maj Yienzsai
我们 唱 西方 马 元帅
Caetheiq mwngz gaem geng saen gim
七气 你 拿 庚 申 金

Caetheiq mwngz gaem geng saen cuk
七气 你 拿 庚 申 柱
Goj rag seiqsae hoh sixdingz
可 拉 四师 护 社亭
Raeuz ciengq baihbaek Gvanh Yienzsai
我们 唱 北方 关 元帅
Hajheiq mwngz gaem yaemz saenz suij
五气 你 拿 壬 申 水

Hajheiq mwngz gaem yaemz suij cuk
五气 你 拿 壬 水 柱
Goj rag seiqsae hoh sixdingz
可 拉 四师 护 社亭
Raeuz ciengq baihbaek cenq bingmax
我们 唱 北方 荐 兵马

Cenq aeu haj fanh dem haj cien
荐 要 五 万 和 五 千

Cenq aeu haj cien dem haj bak
荐 要 五 千 和 五 百
Haj cib haj boux hoh sixdingz
五 十 五 个 护 社亭
Raeuz ciengq cunghyangh bi Cinhvuj
我们 唱 中央 年 真武
Itheiq mwngz gaem it Cinhginh
一气 你 拿 一 真军

Itheiq mwngz gaem duj cinh cuk
一气 你 拿 土 真 柱
Goj rag seiqsae hoh sixdingz
可 拉 四师 护 社亭
Raeuz youq cunghyangh cenq bingmax
我们 在 中央 荐 兵马
Cenq aeu it fanh dem it cien
荐 要 一 万 和 一 千

Cenq aeu it cien dem it bak
荐 要 一 千 和 一 百
It cib it boux hoh sixdingz
一 十 一 个 护 社亭
Seiqsae Cinhginh cenq bingmax
四师 真军 荐 兵马

Siu cai Dwzva haeuj gijling
消 灾 德化 进 命令

Soengq haeuj bwzgungh doeng yezfuj
送 进 白宫 通 月府
Gvaq laeng gyap couj dauq anyienz
过 后 甲 丑 又 安然
Bet baih gimgang samsat ling
八 面 金刚 三杀 令
Diguij yungswnz gag an mingz
地鬼 凶神 各 安 名

Diengang deihsat yaemyiengz fuj
天刚 地杀 阴阳 府
Dangnienz vwnhcuj gag huiz din
当年 瘟主 自己 回 脚
Namzdouj hojguen cawz doegguen
南斗 火官 除 毒官
Baekdouj suijsingh mied yunghcai
北斗 水星 灭 凶灾

Samyienz doengz daeuj caiz doengz ndaej
三元 同 来 财 同 得
Miz cai miz nanh mbouj gamj daeuj
有 灾 有 难 不 敢 来
Ngoenzcog saenzseiz raeuz bat sanq
明天 辰时 我们 八 散

Rag bing rag ciengq hwnj diendangz
拉 兵 拉 将 上 天堂

Rag bing rag ciengq hwnj diengyaiq
拉 兵 拉 将 上 天界
Laeng doiq diswj le vuengzdangz
背 对 弟子 了 皇堂
Laeng doiq diswj le vuengzcoj
背 对 弟子 了 皇祖
Coit cibngux siuyieng langz
初一 十五 烧香 郎

Vunz youq lajmbwn daih cienz daih
人 在 天下 代 传 代
Danq ciengq ciuhgonq laeb miuhdingz
叹 唱 前朝 立 庙亭
Bibi coemhyieng souj fukfaenh
年年 烧香 守 福分
Coemhyieng seiqsae Cinhvuj langz
烧香 四师 真武 郎

Cai raeuz hix dienh nanh hix dienh
灾 我们 也 奠 难 也 奠
Dienh cai dienh nanh fuk couh limz
奠 灾 奠 难 福 就 来临
Cai raeuz hix dienh Dujganghmiuh
灾 我们 也 奠 土康庙
Soengq bae faenzbouh caz aeu cienz
送 去 文簿 查 要 钱

Roek、Loizcoj Dadi
六、雷祖大帝

Yangzsouj diuq
扬首 吊
Goemz gyaeuj youh daj gyong yiengzsan
俯 (头)首 又 打 鼓 阳山

Saengq dwk gosing diuqlingz yiengj
震 得 歌声 吊玲 响
Loizcoj dadi lingz yieng youz
雷祖 大帝 领 香 油
Ginhcauh naengh youq Hwngzcouhmiuh
今朝 坐 在 横州庙
Goengcwnz dawz ciengj haeuj ok youz
巡捕 拿 状(书信) 进 出 游

Mwngz le ndaejnyi sawciengj cingj
你 了 听见 状(书信) 请
Gipcai Banh Dangh langh max langz
急差 潘 当 放 马 郎
Cij danq Banh Dangh rox langh max
只 叹 潘 当 懂 放 马

Youh langh daeg gwih daeg dauq yien
又 放 一匹 骑 一匹 反而 牵

Daeg max bwncoeng roengz caiq fuz
匹 马 鬃毛 下来 再 扶
Lizyungj biu'hoh gangjgonq langz
力勇 奔跑 前面 郎
Daeg max bwncoeng roengz caiq fad
匹 马 鬃毛 下来 又 鞭打
Lizyungj biudaih gangjgonq langz
力勇 飞奔 前面 郎

Max daiq gim'an mbouj yungh fad
马 戴 金鞍 不 用 鞭打
Baez fad seizgan daengz danzlangz
一次 鞭打 时间 到 坛郎
Ma daengz naj danz haeuj roengz max
回 到 前 坛 进 下 马
Samsae daj huz laeuj maxlangz
三师 打 一壶 酒 马郎

Samsae gaem gienj ciep max daeuj
三师 拿 简 接 马 来
Laeujyangz gimboi dawz fwngz langz
洋酒 金杯 拿 手 郎
Laeujyangz dawz bak gam cix suenq
洋酒 合 口 甘 也 算

Sae doengz gijbonj ciengq danq langz
师父 同 本子 唱 叹 郎

Bonj ciengq cenzvangz bingz haujhan
本 唱 前王 评 好汉
Lwnhciengq dangco bohmeh seng
论唱 当初 父母 生
Cix gven vunz cix gven vunz
只 关 人 只 关 人
Daih'it yaemh ginh dingq sae yaemh
第一 吟 君子 听 师父 吟

Daih'it yaemh ginh dingq sae ciengq
第一 吟 君子 听 师父 唱
Gaej dawz aencaengh bae muenx vunz
别 拿 秤杆 去 瞒 人
Aencaengh cuk gaen ciengzseiz yungh
秤杆 足 斤 经常 用
Gaen sam gaen seiq gaej muenx vunz
斤 三 斤 四 别 瞒 人

Raeuz gai caengh fouz aeu caengh naek
我们 卖 秤杆 不 要 称 重
Cog dai ngaeu caengh laeg giuzndaeng
以后 死 钩 秤杆 勒 鼻梁
Raeuz gai caengh fouz aeu caengh noix
我们 卖 秤杆 不 要 称 少

Cog dai baenz fouz youh baenz sien
以后死成 佛 又 成 仙

Lungz meh caengh mbouj seih fwngz laeg
龙 母 称 不 是 手 勒(压)
Aencaengh mbouj seih fouz guenyaem
秤杆 不 是 佛 观音
Cix gven vunz cix gven vunz
只 关 人 只 关 人
Daihngeih yaemh ginh dingq sae yaemh
第二 吟 君子 听 师父 吟

Daihngeih yaemh ginh dingq sae ciengq
第二 吟 君子 听 师父 唱
Gaej aeu aencaengh bae muenx vunz
别 拿 秤杆 去 瞒 人
Aencaengh cuk gaen ciengzseiz yungh
秤杆 足 斤 经常 用
Gaen sam gaen seiq gaej muenx vunz
斤 三 斤 四 别 瞒 人

Bouxmiz seih dingq lwg gou lou
富人 是 听 孩子 我 了
Ngoenz cix gaem caengh bae caengh ngaenz
每天 就 拿 秤杆 去 称 银子
Bouxhoj seih dingq lwg gou lou
穷人 是 听 孩子 我 了

Ngoenzngoenz gaem caengh bae caengh ngaenz
每天 就拿 秤杆 去 秤 银子

Bouxmiz hix gaej vix bouxhoj
富人 也 别 指 穷人
Bouxhoj mbouj naengh geij donq mbouj
穷人 不 坐 几 餐 不
Bouxmiz sam cau gyet gyanghongh
富人 三 餐 喝 (在)院子
Bouxhoj mbouj naengh geij donq mbouj
穷人 不 坐 几 餐 不

Raeuz gai caengh fouz aeu caengh naek
我们 卖 秤杆 不 要 称 重
Cog dai ngaeu caengh laeg giuzndaeng
以后 死 钩 秤杆 勒 鼻梁
Raeuz gai caengh naek aeu caengh mbaeu
我们 卖 秤杆 重 要 称 轻
Cog dai baenz fouz youh baenz sien
以后 死 成 佛 又 成 仙

Roengz caengh mbouj cae fwngzmeh laeg
下 称 不 用 大拇指 勒
Aencaengh mbouj cae fouz guenyaem
秤杆 不 用 佛 观音
Songsing ngaeu gyaeuj baenz gaiq dah
双星 勾 头 成 条 河

Caetsing betgvaq rog doxdoeng
七星 八卦 外面 相通

Cai raeuz cix caenh nanh cix caenh
灾 我们 也 尽 难 也 尽
Caenh cai caenh nanh fuk nanz raen
尽 灾 尽 难 福 难 见
Cai raeuz cix caenh Hwngzcouhmiuh
灾 我们 也 尽 横州庙
Feiz coemh dauq soengq miuh bakdou
火 烧 又 送 庙 门口

Caet、Yaemyiengz Saefouh
七、阴阳师父

Yangzsouj diuq
扬首 吊
Goemz gyaeuj youh daj fwngz siuyieng
俯 (头)首 又 打 手 烧香

Saengq dwk gosing diuqlingz yiengj
震 得 歌声 吊玲 响
Yaemyiengz saefouh haeuj neix ma
阴阳 师父 进 这 来
Ginhcauh naengh youq naj vuengzvih
今朝 坐 在 面前 王位
Goengcwnz dawz ciengj haeuj bae yiuq
巡捕 拿 状(书信) 进 去 看

Lwg ndaej bohsae ma neix naengh
孩子 得 师父 来 这 坐
Lwgsae gyaeuj daengq menhmenh diuq
徒弟 头 凳子 慢慢 吊
Lwg mbouj rox ciengq son lwg ciengq
孩子 不 懂 唱 教 孩子 唱

Lwg mbouj rox diuq son lwg diuq
孩子 不 懂 吊 教 孩子 吊

Lwg mbouj rox gangj son lwg gangj
孩子 不 懂 讲 教 孩子 讲
Lwg mbouj rox riu son lwg riu
孩子 不 懂 笑 教 孩子 笑
Lwg ndaej saefouh daeuj neix naengh
孩子 得 师父 来 这 坐
Lwgsae gyaeuj daengq menhmenh diuq
徒弟 头 凳子 慢慢 吊

Gyong le rox ning lingz rox daj
鼓 了 会 振动 铃 会 打
Bazbaj daeuj raen caenh gip riu
妇女 来 看见 尽 急 笑
Gyong le rox ning lingz rox dih
鼓 了 会 振动 铃 会 打
Coh boux cawj byaek caenh gip riu
朝 个 煮 菜 尽 急 笑

Gyang cauq gwnz feiz cix yungh raemx
中间 火灶 上面 火 就 用 水
Raeuz yaek gwn gaenj yungh feiz rem
我们 要 吃 急 用 火 猛
Doxgauq cij yungh boux dawz leix
打官司 只 用 个 拿 理

Sij saw cij yungh bit daeuj biu
写 字 只用 笔 来 标明

Doh ruz cij yungh gau daeuj cengq
渡 船 才 用 竹竿 来 撑
Guh ceiz guh faenj yungh bajliuz
做 馍馍 做 粉 用 婶娘
Gomoeg mbouj sang cij yungh dongh
树木 不 高 才 用 柱子
Diuz mieng gyanghongh yungh gaq giuz
条 沟 院子 用 架 桥

Lwgsae goj miz seiq haj laeq
徒弟 可 有 四 五 个
De caengz cang rap sien doxyiuq
他 未 装 担 先 互相看
Lwgsae dawzrap bae gaxgonq
徒弟 挑担 去 前面
Bohsae gaemh dwngx coh baihlaeng
师父 柱 拐杖 在 后面

Youh miz baez ndeu seiq nyied bet
又 有 次 一 四 月 八
Rap gyong rap laz gvaq haenz naz
挑 鼓 挑 锣 过 岸边 田
Naz gwnz youh miz liuz ciemz gyaj
田 上面 又 有 婶婶 拔 秧

Naz laj youh miz baj ndaem naz
田 下面 又 有 伯母 种 田

Ma daengz haenz naz cix yietnaiq
回 到 岸边 田 就 休息
Beijlumj mbawfaex cap gova
比如 树叶 插 花朵
Bajliuz hai vah saefouh naeuz
婶娘 开 话 师父 说
Sou baez coenz hauq dingq gou naeuz
你们 次 句 好 听 我 说

Aen'gyong gijsae baenz donghdaengq
鼓 师父 成 凳子
Diuzdwngx gijsae daengj raih naz
拐杖 师父 竖立 块 田
Gouhhaiz gijsae lumj cednag
鞋子 师父 像 水獭屁股
Moegngieg gijsae baenz lwg iq
木鱼 师父 成 孩子 小

Saefouh ngoenz hong goj mij cai
师父 天 工 可 没 戒
Goj lumj bae'mbanj guh moz gwn
也 像 走亲戚 做 馍 吃
Saefouh ndaejnyi hoz cingq siengj
师父 听见 脖子(心) 正 想

Fat fuz Samnuengx bajliuz maz
发 符 三妹 婶娘 做什么

Lwgsae hai vah saefouh naeuz
徒弟 开 话 师父 说
Fat fuz Samnuengx guh gaiqmaz
发 符 三妹 做 什么
Dauh fuz daih'it dawz lajeiq
道 符 第一 抓住 腋下
Dauh fuz daihngeih dawz najbyak
道 符 第二 抓住 额头

Dauh fuz daihsam dawz gyaeuj vunj
道 符 第三 抓住 头 裙子
Bajliuz boekgingj laj haenz naz
婶娘 翻滚 下 岸边 田
Bajliuz daeuj daengz cixnaj ndaq
婶娘 来 到 正面 骂
Bae dongx gvan vunz guh gaiqmaz
去 打招呼 丈夫 别人 做 什么

Gvan vunz guh sae youh guh dauh
丈夫 别人 做 师父 又 做 道场
Gvan raeuz gvat cauq mij uq ndaeng
丈夫 我们 刮 灶 火灰 污 鼻子
Gvan vunz doeg saw youh doeg soq
丈夫 别人 读 书 又 读 数

Gvan raeuz byaij loh baihde bae
丈夫 我们 走 路 那边 去

Gvan vunz guh sae youh guh ciengq
丈夫 别人 做 师父 又 做 唱
Gvan raeuz roengz riengh ga uq haex
丈夫 我们 下 (牛)栏 腿 脏 屎
Gvan vunz doeg saw youh doeg cih
丈夫 别人 读 书 又 读 字
Gvan raeuz gojlij daeuj coh camh
丈夫 我们 还 来 向 木楼

Daxbaj hai vah saefouh naeuz
伯母 开 话 师父 说
Doiq fuz fad nuengx bajliuz maz
对 符 罚 妹妹 婶娘 做什么
Hoiz dauh daih'it caengz rox yaem
回 道 第一 未 懂 吃
Hoiz dauh daihngeih baenz moengzloengz
回 道 第二 成 朦胧

Hoiz dauh daihsam dawz hwnj naengh
回 道 第三 拿 起 坐
It ngeih sam seiq dingq gou naeuz
一 二 三 四 听 我 说
Daxbaj hai vah saefouh naeuz
伯母 开 话 师父 说

Yaek gwn gaiq noh neix guh maz
要 吃 块 肉 这 做 什么

Sou bae guh sae dauq ndaej noh
你们 去 做 师父 回来 得 肉
Lajroq mbouj duenh song rwz hoz
屋檐下 不 断(猪的) 两 耳 颈
Saefouh hai vah daxbaj naeuz
师父 开 话 伯母 说
Sou baez coenz hauq dingq gou naeuz
你们 次 句 好 听 我 说

Dou bae guh sae youh ndaej noh
我们 去 做 师父 又 得 肉
Bae naeuz gyahoh daeuj gvej hoz
去 说 家户(乡亲) 来 割 (猪)颈
Saefouh cingj foz miz lingzsingq
师父 请 佛 有 灵性
Bouxboux baenz bingh daeuj bae diuq
个个 成 病 来 去 吊

Bouxboux baenz bingh daeuj bae laex
个个 成 病 来 去 礼
Cienz ging haeuxdaeq coh daeuj gwn
钱 经 玉米 才 来 吃
Geij boux saefouh lingh aeu gag
几 个 师父 另 要 自己

Lwgsae dawzrap youh aeu dem
徒弟 挑担 又 要 了

Youh daengz itgeng bae gaeuj dingh
又 到 一更 去 看 定
Song din gag cengq menhmenh diuq
两 脚 自己 挣 慢慢 跳
Youh daengz ngeihgeng bae gaeuj dingh
又 到 二更 去 看 定
Song din gag cengq menhmenh diuq
两 脚 自己 挣 慢慢 跳

Gyong le rox ning lingz rox daj
鼓 了 懂 振动 铃 懂 打
Bajbaz daeuj cwnz gag gip riu
伯母 来 巡看 自己 急 笑
Gyong le rox ning lingz rox dih
鼓 了 懂 振动 铃 懂 打
Coh boux cawj byaek caenh gip riu
朝 个 煮 菜 只 急 笑

Sou aeu duzgaeq gwnz daiz cuengq
你们 要 鸡 上 桌子 放
Saedauh ciu seng bae siuyauz
道公 超 生灵 去 逍遥
Youh aeu gim diuz dawz ma cuengq
又 要 金 条 拿 来 放

Cukseng hwnj loh bae siuyauz
畜生 上 路 去 逍遥

Miz cienz miz ngaenz daeuj saefouh
有 钱 有 银 来 师父
Doiqnaj samsae lwnh dien'gae
对面 三师 论 天机
Miz cienz miz ngaenz daeuj saefouh
有 钱 有 银 来 师父
Doiqnaj samsae lwnh dien'gae
对面 三师 论 天机

Fouz cienz fouz ngaenz daeuj saefouh
无 钱 无 银 来 师父
Doiqnaj samboh fap mij miz
对面 三父 办法 没 有
Cojcoeng bohsae raeuz daengj gvaq
祖宗 师父 我们 祭 过
Gaenlaeng son saw lwgsae diuq
后来 教 书 徒弟 吊

Bet、Ciengq Lanz Luz
八、唱蓝陆

Danq gojsaeh Lanz Luz
叹 故事 蓝 陆
Bae coh dieg baih bya
去 向 地 那 山
Lanz Youz caeuq Lanz Vah
蓝 由 和 蓝 花
Lwg de dawz bae liux
孩子 他们 拿 去 完

Lij Lanz Youz guh byai
还有 蓝 由 做 末尾
Dai Lanz Youz guh gag
死了 蓝 由 做 自己(单个)
Laujcinz cuengq Gauhcungh
老覃 放 高冲
Youh roengz dai gyang naz
又 下 死 中间 田

Danq gojsaeh Yozlanz
叹 故事 学蓝

Bae Daisanh dawz faex
去 泰山 拿(做) 木头
Lanz Youz guh langh ndaej
蓝 由 做 如果 得
Aeu cib mei haj baz
要 十 妹 五 妇人

Boux gvaq daemq gvaq sang
个 过 低 过 高
Gvangq dingqgyang bicanz
过 中间 大摇大摆
Fwngz dat mwngz cix bin
碰到 山崖 你 就 攀爬
Fwngz rin mwngz cix bae
碰到 石头 你 也 去

Danq gojsaeh Lanz Youz
叹 故事 蓝 由
Bouxboux caenh cung guen
个个 都 考中 官
Danq gojsaeh Lanz Vangz
叹 故事 蓝 王
Dai sieng ce naenggyaeuj
死 伤 留 头皮

Bae doz de dauqma
去 驮 他 回来

Bae lajbya boux louh
去 山下 埋 了
Miz boux dawz bae laj
有 个 拿 去 下面
Miz boux gaj dai sieng
有 个 杀 死 伤

Yangzsouj diuq
扬首 吊
Goemz gyaeuj youh daj fwngz ma bya
俯 (头)首 又 打 手 回(还) 山

Saengq dwk gosing diuqlingz yiengj
震 得 歌声 吊铃 响
Lanz Luz daihvuengz gyang godanz
蓝 陆 大王 降 歌坛
Ginhcauh naengh youh Lungzdangzmiuh
今朝 坐 在 龙堂庙
Goenghcwnz dawz ciengj bae daengz langz
巡捕 拿 状书 去 到 郎

Langz le ndaejnyi sawciengj cingj
郎 呢 听见 状书 请
Gipcai Banh Dangh langh maxlangz
急差 潘 当 放 马郎
Cij danq Banh Dangh rox langh max
只 叹 潘 当 会 放 马

Youh langh daeg gwih daeg dauq yien
又 放 (一)匹 骑 (一)匹 反而 牵

Youh langh Daeghung caeuq Daegban
又 放 特宏(阿宏) 和 特班(阿班)
Daegdauq haujhan gaxgonq langz
特刀(阿刀) 好汉 前面 郎
Daeg max bwncoeng roengz hix fuz
匹 马 鬃毛 下来 就 扶
Lizyungj biu'ho gaxgonq langz
力勇 奔跑 前面 郎

Daeg max bwncoeng roengz hix fad
匹 马 鬃毛 下来 就 鞭打
Lizyungj biu'ho gaxgonq langz
力勇 飞奔 前面 郎
Ma daengz naj danz saet roengz max
回 到 前面 坛 跳 下 马
Samsae gaem guenq laeuj maxlangz
三师 拿 罐 酒 马郎

Samsae gaem gienj ciep max daeuj
三师 拿 简 接 马 来
Laeuj lo gimboi dawz fwngz langz
酒 了 金杯 拿 手 郎
Laeuj lo dawz bak gam cix suenq
酒 了 合 口 甘甜 也 算

Sae doengz gijbonj ciengq danq langz
师父 同 本子 唱 叹 郎

Bonj ciengq cenzvangz bingz haujhan
本 唱 前王 评 好汉
Lwnh ciengq dangco bohmeh seng
论 唱 当初 父母 生
Bohmeh cingq seng daemznaz noix
父母 正 生 田地 少
Mij miz haeuxgok gwn gvaq bi
没 有 稻谷 吃 过 年

Gvak bya baihgwnz ndaem lwgmak
挖 山 上面 种 果树
Gvak bya lajlueg ndaem lwgmaenz
挖 山 山谷 种 红薯
Ngoenz sou gvak reih ndaem doiq ndaem
每天 你们 挖 地 种 对 种
Saet haeuj gamjrin lo buenq bi
跑 进 岩洞 了 半 年

Cij danq Bouxyiuz mij miz moeg
只 叹 瑶族 没 有 被子
Youh aeu faexcuk coh gvaq hwnz
又 要 竹子 才 过 夜
Cauh haej baihlaeng haej baihnaj
造 那些 后面 那些 前面

Cauh haej baihnaj caiq lwgmaenz
造 那些 前面 那些 红薯

Cauh haej baihlaeng caiq lwgmak
造 那些 后面 又 果树
Cauh haej baihlaeng caiq lwgmanh
造 那些 后面 又 辣椒
Gwn mak gwn maenz hoz mwngz hawq
吃 果子 吃 红薯 喉咙 你 干
Ngoenznaengz laeuj lo raemxda roengz
每天 酒 了 眼泪 下

Cij danq Bouxyiuz mij miz gae
只 叹 瑶族 没 有 泥箕
Cix coh daeuj daengz ndang laeng couh
只 才 来 到 身 后 凑合
Cij danq Bouxyiuz mij miz buh
只 叹 瑶族 没 有 衣
Song da luenzluj lumj gaeqboux
两 眼 圆圆的 好像 公鸡

Cij danq Bouxyiuz mij miz vaq
只 叹 瑶族 没 有 裤子
De ga ngaeunging lumj maxlaeuz
他 腿 弯曲 如 猴子
Lanz Vangz yaek dawz mbouj yaek dawz
蓝 王 要 拿 不 要 拿

Miz duz gimgaeq daeuj daengz limz
有 只 金鸡 来 到 光临

Lanz Vangz yaek loh mbouj yaek loh
蓝 王 要 露出 不 要 露出
Miz duz guklaux daeuj daengz limz
有 只 老虎 来 到 光临
Lanz Vangz daemh din de baez hag
蓝 王 跺 脚 它 次 受惊
Duz daengz lajdap rongx ngauqhumz
只(老虎) 到 塔下 吼叫 嗷嗷

Duzlawz ndaej gwn rongx hungngau
哪只 得 吃 叫 呜哇
Duz mij ndaej gwn rongx ngauqhumz
只 没 得 吃 吼叫 嗷嗷
Moh goeng mwngz cangq laj gohaz
墓 祖父 你 葬 下 茅草
Moh boh mwngz cangq laj gamjrin
墓 父亲 你 葬 下 山洞

Moh goeng mwngz cangq laj gofaex
墓 祖父 你 葬 下 树木
Moh nuengx mwngz cangq laj gamjrin
墓 妹妹 你 葬 下 山洞
Moh goeng mwngz cangq laj gohaz
墓 祖父 你 葬 下 茅草

Seng ndaej Yiuzboh cungq aen ndang hung
生 得 瑶父 中 个 身 大

Seng ndaej Yiuzboh cungq aen ndang cangq
生 得 瑶父 中 个 身 壮
Ndaej guenj duzguk dem duzlangz
得 管 老虎 和 狼
Bouxhek hwnq caeux bae guhbuenq
客人 起 早 去 贩卖
Youh yiuq laj le miz vaiz lai
又 看 下 了 有 牛 多

Youh yiuq laj le miz vaiz mbwk
又 看 下 了 有 牛 大
Doxiu bae dwk dawz ma gwn
相邀 去 打 拿 来 吃
Lanz Vangz hai vah Lanz Youz nuengx
蓝 王 开 话 蓝 由 弟
Raeuz aeu gijmaz coh caegdaeuz
我们 要 什么 向 贼头(贼王)

Lanz Youz hai vah Lanz Vangz beix
蓝 由 开 话 蓝 王 兄
Aeu faex ma baek coh caegdaeuz
要 树木 来 插 向 贼头(贼王)
Baek giz daih'it coh Giuzli
插 处 第一 向 桥利

Baek giz daihngeih coh Giuzfouz
插 处 第二 向 桥浮

Baek giz daihsam coh Caizan
插 处 第三 向 才案
Baek giz daihseiq coh Danhcouh
插 处 第四 向 丹州
Baek giz daihhaj coh Couh Luz
插 处 第五 向 周 禄
Baek giz daihroek coh daengz raeuz
插 处 第六 向 到 我们

Aeu faex ma baek caenh caengz doh
要 树木 来 插 只(还) 未 遍
Seiqcawq caegboh daeuj cix youz
四处 贼头 来 就 游
Caegboh daeuj daengz maeuq hix langh
贼头(贼王) 来 到 处 就 放荡
Caeglwg daeuj daengz gyang hix youz
小贼 来 到 中间 就 游

Miz boux gaem raep bae aeu gaeq
有 个 拿 小笼子 去 要 鸡
Miz boux gaem daeh bae aeu ngaenz
有 个 拿 袋子 去 要 银子
Miz boux gaem loengz bae aeu max
有 个 拿 马缰 去 要 马

Miz boux gaem cag bae aeu vaiz
有 个 拿 绳子 去 要 水牛

Ndaej dih bouxlaux hix dwg gaj
得到 的 老者 也 是 杀
Lwglawz cibhaj cag cug aeu
哪个 十五 绳子 绑 要
Ndaej dawz lwglawz ma gaemh gaeq
得 拿 哪个 来 抓 鸡
Ndaej dawz ngaeqlawz caeq giz gyaeuj
得 拿 哪个 祭 处 头

Lanz Youz hai vah Lanz Vangz beix
蓝 由 开 话 蓝 王 兄
Raeuz aeu gijmaz guh cwz faenz
我们 要 什么 做 黄牛 砍
Lanz Vangz hai vah Lanz Youz nuengx
蓝 王 开 话 蓝 由 弟
Yien cwz laj riengh okbae faenz
牵 黄牛 下 栏 出去 砍

Yien cwz laj riengh okbae gaj
牵 黄牛 下 栏 出去 杀
Cog raeuz baenaj dawz aeu boiz
以后 我们 往后 拿 要 归还
Cix laeng hwnq ninz caengz swiq naj
却 后 起来 睡觉 未 洗 脸

Yien vaiz laj riengh okbae faenz
牵 黄牛 下 栏 出去 砍

Yien cwz laj riengh okbae gaj
牵 黄牛 下 栏 出去 杀
Bat gwnz bat laj cwz mbouj dai
拉 上 拉 下 黄牛 不 死
Bat gwnz bat laj cwz mbouj loemq
拉 上 拉 下 黄牛 不 断
Lanz Youz goj nanz youq ndawhoz
蓝 由 也 难 在 喉咙里(心里)

Lanz Youz hai vah Lanz Vangz beix
蓝 由 开 话 蓝 王 兄
Gaj cwz mij dai guhlawz naeuz
杀 黄牛 不 死 怎么 说
Lanz Vangz hai vah Lanz Youz nuengx
蓝 王 开 话 蓝 由 弟
Gaj cwz mij dai gaen caegdaeuz
杀 黄牛 不 死 跟着 贼头

Song sou beixnuengx song faj din
俩 你们 兄弟 两 边 脚
Vax gwnz vax laj cwz le dai
踩 上 踩 下 黄牛 了 死
Caegboh ndaej gwn maeuq hix langh
贼头(贼王) 得 吃 处处 就 游荡

Caeglwg ndaej gwn gyang hix youz
小贼 得 吃 中间 也 游玩

Gaeq haen daih'it hwnq cawj haeux
鸡 叫 第一 起来 煮 饭
Gaeq haen daihngeih hwnq cawj ringz
鸡 叫 第二 起来 煮 午饭
Gaeq haen daihsam mwngz cingq ok
鸡 叫 第三 你 正 出去
Bae daengz laj le banngaiz gyang
去 到 下面 了 中午 迟

Bae daengz laj le banngaiz caeux
去 到 下面 了 中午 早
Sou le bae veiz aeu vaiz cwz
你们 了 去 围 要 水牛 黄牛
Cienz mbanj laj le deuz bae liux
全 村 下面 了 逃 去 完
Vaiz cwz bit gaeq caih raeuz aeu
水牛 黄牛 鸭 鸡 任由 我们 要

Daiq vaiz daiq cwz ndaej bak ngeih
连带 水牛 连带 黄牛 得 百 二
Cuengq roengz daihdeih ma hix naiq
放 下 大地 回来 也 累
Ma daengz giz dauh laj diuqdap
来 到 那 道路 下 放着

Caeglwg hozhawq mbouj ndaej bae
小贼 口渴 不 得 去

Cij danq Lanz Vangz dajgenhgyauh
只 叹 蓝 王 要赖
Youh aeu din dik vat congh rin
又 用 脚 踢 挖 洞 石头
Youh aeu din dikdak guh congh
又 用 脚 乱踢 做 洞口
Seiqcawq raemxrongz daeuj mbouj dingz
四处 洪水 来 不 停

Caegboh ndaej gwn maeuq hix langh
贼头 得 吃 处处 就 游荡
Caeglwg ndaej gwn gyang hix youz
小贼 得 吃 中间 也 游玩
Duzcwz raen raemx duz yaek riuz
黄牛 看见 水 黄牛 要 游水
Duzvaiz doiq din ma hix naiq
水牛 退 脚 回来 也 累(灰心丧气)

Ma daengz giz dauq diuq gvaq vang
来 到 地 又 跳 过 横
Sanhyangz galoz gvaq naj langz
山羊 嘎啦 过 面前 郎
Lanz Youz hai vah Lanz Vangz beix
蓝 由 开 话 蓝 王 兄

Sanhyangz galoz yienghlawz naeuz
山羊 嘎啦 怎样 说

Lanz Vangz hai vah Lanz Youz nuengx
蓝 王 开 话 蓝 由 弟
Sanhyangz galoz gaen caegdaeuz
山羊 嘎啦 跟着 贼头(贼王)
Bae daengz giz dauq diuq runghgaeuq
去 到 那地 又 跳过 旧山岸
Saet haeuj runghgaeuq cap yingzbanz
跑 进 旧山岸 住扎 营地

Cawj ringz yaek cug mbouj yaek cug
煮 午饭 将 熟 不 将 熟
Mbouj roeb Laujvwnz cimh baihlaeng
不 遇 老文 寻找 后面
Laujvwnz daeuj daengz cuengq gau cungj
老文 来 到 放 好多 种
Seiqcawq yiuz rungh ndang caenh hek
四处 瑶族 山岸 身体 尽是 客人

Laujvwnz caemq din dih bae ndoet
老文 跺 脚 他 去 喝
Ndaej dawz Lanz Vangz mingh mbouj louz
得 抓 蓝 王 命 不 留
Ndaej dawz Lanz Vangz hix dwg gaj
得 抓 蓝 王 也 是 杀

Raen naj Lanz Youz mingh mbouj louz
看见 脸 蓝 由 命 不 留

Caenh mwngz Lanz Vangz gyang nazgyaj
尽头 你 蓝 王 中间 秧田
Gaj mwngz Lanz Vangz gyang nazboengz
杀 你 蓝 王 中间 烂泥田
Faenz gyaeuj lienz din bae bauq hak
砍 头 连 脚 去 报 官
Ce ndang de gap gyang nazboengz
留 身体 他 夹 中间 烂泥田

Doxgaen daeuj daej boh hai boh
跟着 来 哭 父亲 呀 父亲
Doxgek daeuj daej goeng hai goeng
相隔 来 哭 爷爷 呀 爷爷
Doxgaen daeuj daej boh hai boh
跟着 来 哭 父亲 呀 父亲
Hoj coh daengz gyaeuj dem bwzfaz
苦 向 到 头 添 白发

Mehliux mwngz bienq baenz duzmax
婶婶 你 变 成 马
Mehbaj mwngz bienq baenz gaenglingz
伯母 你 变 成 猴子
Meuzranz mwngz bienq baenz moudwenh
家猫 你 变 成 野猪

Yiengzriengh mwngz bienq baenz yiengzbya
家羊 你 变 成 山羊

Maranz mwngz bienq baenz ma'guengz
家狗 你 变 成 狐狸
Duz le daj ndoeng haeuj bya faex
它 了 从 森林 进 山 树林
Go'gyoij mwngz bienq baenz gocieg
芭蕉 你 变 成 蒲扇树
Go'mak mwngz bienq baenz go'haz
果树 你 变 成 茅草

Mwngz dai bide cingq ok sing
你 死 那年 正 出 星星
Dawz daengz Lungzdangz laeb miuhdingz
拿 到 龙塘 立 庙亭
Cai raeuz hix caenh nanh hix caenh
灾 我们 也 尽 难 也 尽
Caenh cai caenh nanh fuk couh daengz
尽 灾 尽 难 福 就 到

Gouj、Fazcuj Goujlangz
九、法主九郎

Yangzsouj diuq
扬首 吊
Haeuj souj youh daj gyong couh dingz
进来 守 又 打 鼓 就 停

Saengq dwk gosing diuqlingz yiengj
震 得 歌声 吊玲 响
Fazcuj Goujlangz youh daeuj limz
法主 九郎 又 来 光临
Ginhcauh naengh youq Namzgwzmiuh
今朝 坐 在 南客庙
Goengcwnz dawz ciengj haeuj daengz limz
巡捕 拿 奖书 进来 到 光临

Bonj ciengq cenzvangz bingz haujhan
本 唱 前王 评 好汉
Lwnh ciengq dangco bohmeh seng
论 唱 当初 父母 生
Bohmeh cingq seng gouj beixnuengx
父母 正 生 九 兄弟

Doxiu hwnj loh haeuj luengqndoeng
相邀 上 路 进 山林

Doxiu hwnj loh haeuj gwnzbya
相邀 上 路 进 山上
Bae laeng Cinhvuj ndaw bya'ndoeng
去 跟 真武 里 山林
Cinhvuj gwnzdangz lozgingq ciuq
真武 堂上 锣镜 照
Bouxlawz hwnj loh ndaw bya'ndoeng
谁 上 路 里 山林

Bouxlawz hwnj loh ndaw gwnzbya
谁 上 路 里 山上
Bouxlawz hag fap ndaw bya'ndoeng
谁 学 法 里 山林
Goujlangz hai vah Cinhvuj naeuz
九郎 开 话 真武 说
Cingq gou hag fap caen cix caen
正 我 学 法 真 又 真

Cingq gou hwnj loh ndaw gwnzbya
正 我 上 路 里 山上
Gou yaek hag fap gyang bya'ndoeng
我 要 学 法 中间 山林
Cinhvuj hai vah Goujlangz naeuz
真武 开 话 九郎 说

Cingq mwngz hag fap caen cix caen
正 你 学 法 真 又 真

Goujlangz hai vah Cinhvuj naeuz
九郎 开 话 真武 说
Cingq gou hag fap caen cix caen
正 我 学 法 真 又 真
Cinhvuj hai vah Goujlangz naeuz
真武 开 话 九郎 说
Mwngz baez coenz hauq dingq gou naeuz
你 次 句 好 听 我 说

Goujlangz ndaej gwn sam boux coh
九郎 得 吃 三 个 向
Gou cix ndaej gwn roek boux cim
我 却 得 吃 六 个 看
Goujlangz ndaej ciuq sam dauq ringz
九郎 得 照顾 三 餐 午饭
Cinhvuj ndaej niemh bak yiengh ging
真武 得 念 百 样 经

Daih'it Goujlangz daeuj hag fap
第一 九郎 来 学 法
Hag ndaej Laujhuj it beixnuengx
学 得 老虎 一 兄弟
Daihngeih Goujlangz daeuj hag fap
第二 九郎 来 学 法

Hag ndaej Mwnzcwngz ngeih beixnuengx
学 得 门承 二 兄弟

Daihsam Goujlangz daeuj hag fap
第三 九郎 来 学 法
Hag ndaej Sambauj sam beixnuengx
学 得 三宝 三 兄弟
Daihseiq Goujlangz daeuj hag fap
第四 九郎 来 学 法
Hag ndaej Seiqguen seiq beixnuengx
学 得 四官 四 兄弟

Daihhaj Goujlangz daeuj hag fap
第五 九郎 来 学 法
Hag ndaej Hajlaux haj beixnuengx
学 得 五老 五 兄弟
Daihroek Goujlangz daeuj hag fap
第六 九郎 来 学 法
Hag ndaej Roekcenq roek beixnuengx
学 得 六荐 六 兄弟

Daihcaet Goujlangz daeuj hag fap
第七 九郎 来 学 法
Hag ndaej Caetsing caet beixnuengx
学 得 七星 七 兄弟
Daihbet Goujlangz daeuj hag fap
第八 九郎 来 学 法

Hag ndaej Betgvaq ma hoh ndang
学 得 八卦 来 护 身

Daihgouj Goujlangz daeuj hag fap
第九 九郎 来 学 法
Hag ndaej Goujiu gouj beixnuengx
学 得 九夭 九 兄弟
Daihcib Goujlangz daeuj hag fap
第十 九郎 来 学 法
Hag ndaej Luj Banh cib beixnuengx
学 得 鲁 班 十 兄弟

Gangj fap gangj gae caen siujsoq
讲 法 讲 机 真 小数(小意思)
Cauh ci cauh gu coux gimngaenz
造 车 建造 仓库 装 金银
Hwnq cang hwnq gu coux gimbauj
建 仓 建 库 装 财宝
Gimngaenz baujboiq ndawde rim
金银 宝贝 里面 满

Lwgsae daeuj lai sou gaej nauh
徒弟 来 多 你们 别 吵闹
Mwngz le gaem gauh gouq va'namz
你 了 拿 篙 救 花男
Bauj de lwggaeq ok hoz fungh
保 他 小鸡 出 脖子 凤凰

Lwglan sengcanj ngauq daihcungz
子孙 生产 个 大虫(很大)

Cinseiz gouq va va cix wngq
春天 救 花 花 就 应
Baezde hwnj coh hungzvah namz
那时 上 向 红花 男
Bouxcawj yungh cienz sae yungh fuk
主人 用 钱 师父 用 福
Hawj de Liuz Sw ndaej va'namz
给 他 刘 似 得 花男

Bouxcawj yungh cienz sae yungh fuk
主人 用 钱 师父 用 福
Va'dauz Liuz Sw rang baenz dangz
桃花 刘 似 香 像 糖
Bouxcawj yungh cienz sae yungh fuk
主人 用 钱 师父 用 福
Vadauz Liuz Sw bing dauq ak
桃花 刘 似 兵 却 厉害

Ngoenz ndaej Goujlangz daeuj hag fap
今天 得 九郎 来 学 法
Gvaqlaeng bauj gij lwgsae diuq
后来 保 那 徒弟 吊念
Gangj fap gangj gae caen siujsoq
讲 法 讲 机 真 小数(小意思)
Gyagya hohhoh bauj bingzan
家家 户户 保 平安

Cib、Cau Gunghmingz
十、赵公明

Yangzsouj diuq
扬首 吊
Goemz gyaeuj youh daj gyong couh dingz
俯 (头)首 又 打 鼓 就 停

Saengq dwk gosing diuqlingz yiengj
震 得 歌声 吊玲 响
Raeuz ciengq doengfueng Cau Gunghmingz
我们 唱 东方 赵 公明
Ginjcauh naengh youq Ngozmeizsanh
今朝 坐 在 峨眉山
Goengcwnz dawz ciengj bae daengz limz
巡捕 拿 状书 去 到 来临

Lizyenz soujlingj naj danz naengh
立筵 首领 面前 坛 坐
Sae doengz gij bonj ciengq danq gim
师父 同 那 本子 唱 叹 金(你)
Bonj ciengq cenzvangz bingz haujhan
本 唱 前王 评 好汉

Lwnh ciengq dangco bohmeh seng
论 唱 当初 父母 生

Bohmeh cingq seng mwngz coh fat
父母 正 生 你 才 发
Naj ndaemndatndat bak hwnj bwn
脸面 黑乎乎 嘴巴 长 毛
Mwngz coh mwngz guh Cau Swjlungz
你 名字 你 叫做 赵 子龙
Gunghmingz miz yungj bauj cauzdingz
公明 有 勇 保 朝廷

Cij danq Souvangz guh vuengzdaeq
只 叹 寿王 做 皇帝
Vih gij simsaeh goj mij soeng
为 那 心事 也 没 松
Ngoenz ij hwnj gai bae baiq miuh
每天 要 上 街 去 拜 庙
Ij le bae riu Vwnzah niengz
要 了 去 笑 文阿 娘

Cij danq Vwnzah mij fugheiq
只 叹 文阿 不 服气
Denhswj goj ngeix mwngz haeujsim
天子 也 想 你 进心(专心)
Mwngz ndaej nyaenma ma gaem yaenq
你 得 野狗 来 拿 印章

Hag mbwk hag ningq goj dinfwngz
学 大 学 小 也 手脚(手艺)

Gouj duz lizcingh guh vangzhouz
九 只 狐狸精 做 王侯
Cunghcwnz gozlauj mbouj ndaej ning
忠臣 国老 不 得 动
Aenvih Sihgiz hengz mbouj cingq
因为 西吉 行 不 正
Mij ij Yenzdaeng daeuj hoenx vangz
没 和 元灯 来 打 王

De aeu Cwngh Bauj ma guh cieng
他 要 征 保 来 做 将领
Soucoemz gimcienz daeuj guh bing
收集 金钱 来 做 兵
Goj heuh Sihcih de caufanj
可 叫 西支 他 造反
Cib fanh cib cien fanj cauzdingz
十 万 十 千 反 朝廷

Couvangz ndaejnyi coenz yienghneix
纣王 听见 句 这样
Bae heuh daihsae daeuj daiq bing
去 叫 太师 来 带 兵
Gaenlaeng hwnq ninz caengz swiq naj
后来 起来 睡 未 洗 脸

Lienzseiz daiq bing bae lilinz
及时 带 兵 去 快速

Bae daengz Sihcih goj mij gvaq
去 到 西支 也 没 过
Dawz gaj bing max dai buenqdingz
被 杀 兵 马 死 一半
Daihsae cingq raen gaiq yienghneix
太师 正 看见 件 这样
Cien yiengh dauzheiq dungx caenh imq
千 样 淘气 肚子 尽 饱

Daihsae gag youq gag dajnanz
太师 自己 在 自己 困难
Bae baih Dauhsanh ciq aeu bing
去 那边 刀山 借 要 兵
Bae daengz Dauhsanh cingj denhginh
去 到 刀山 请 天君(天子)
Song mbiengj soengq saenq le cix yingz
两 边 送 信 了 就 迎接

Mbouj ngeix Sihcih bing naengzganq
不 想 西支 兵 能干
Denhginh Couvangz hoenx mij hingz
天君 纣王 打 不 赢
Denhginh hai vah daihsae naeuz
天君 开 话 太师 说

Cam mwngz bouxlaux yienghlawz naeuz
问 你 老人 怎样 说

Daihsae lienzseiz couh gag bae
太师 及时 就 自己 去
Bae cingj Goengcau daeuj guh bing
去 请 赵公 来 做 兵
Goengcau souj sien Ngozmeizsanh
赵公 守 仙 峨眉山
Goengcwnz dawz ciengj bae cingj mwngz
巡捕 拿 状(书信) 去 请 你

Gunghmingz ndaejnyi coenz yienghneix
公明 听见 句 这样
Ok Ngozmeizsanh daeuj diemj bing
出 峨眉山 来 点 兵
Mwngz gwih duzguk guh maxdaeg
你 骑 老虎 做 公马
Dwngzyinz gyaqvu daeuj daengz yingz
腾云 驾雾 来 到 营地

Gyaeuj daenj mauhgang ndang dezgyaz
头 戴 钢帽 身(穿) 铁甲
Mwngz daiq fazbauj daeuj daengz yingz
你 带 法宝 来 到 营地
Daeuj daengz yingzbanz haeuj roengz max
来 到 营盘 进 下 马

Daihsae roengz laj daeuj got mwngz
太师 下 下面 来 拥抱 你

Daihsae hai vah Gunghmingz naeuz
太师 开(发)话 公明 说
Gaeuj mwngz bouxlaux bauj cauzdingz
看 你 老人 保 朝廷
Naeuz hoenx Sihcih goj mij gvaq
说 打 西支 可 不 过
Gaeuj mwngz bauj gya rox cij hingz
看 你 保 家 或 才 赢

Yenzdwngh hai vah dem Cwngh Bauj
元灯 开(发)话 和 曾 保
Lau de daeuj gauj vaih cauzdingz
害怕 他 来 搞 坏 朝廷
Gunghmingz hai vah daisae naeuz
公明 开(发)话 太师 说
Yaek miz fazbauj hoenx cij hingz
要 有 法宝 打 才 赢

Gaenlaeng hwnq ninz caengz swiq naj
后来 起来 睡 未 洗 脸
Lienzdaiq bingmax bae lilinz
连带 兵马 去 快速
Yenzdwngh cingq raen Gunghmingz daeuj
元灯 正 看见 公明 来

Lienz hai genzgunh daeuj hoenx mwngz
连(及时) 开 乾坤 来 打 你

Gunghmingz bae hoenx goj mij gvaq
公明 去 打 也 不 过
Lienzdaiq bingmax dauq lilinz
连带 兵马 回来 快速
Ma daengz yingzbanz raen daihsae
回 到 硬盘 看见 太师
Lingh ciq bingmax hoenx cij hingz
另 借 兵马 打 才 赢

Bae ciq Yinzcungh aeu fazbauj
去 借 云中 要 法宝
Ndaej gim gauqcienj ma daengz fwngz
得 金 剪刀 来 到 手
Gaenlaeng hwnq ninz caengz swiq naj
后来 起来 睡 未 洗 脸
Dauq hai bingmax bae lilinz
又 开 兵马 去 快速

Caen ndang Gunghmingz haeujbae yawj
亲 身 公明 进去 看
Mwngz gwih gukdaeg bae gaj vunz
你 骑 雄老虎 去 杀 人
Fwngzgvaz mwngz gaem gim gauqcienj
右手 你 拿 金 剪刀

Fwngzswix gangbien gaj iucing
左手 钢鞭 杀 妖精

Yenzdwngh hoenx mwngz goj mij gvaq
元灯 打 你 也 不 过
Lienzseiz bienqvaq bae lumj rumz
急忙 变化 去 像 风
Luz Yaz bouxdauh okdaeuj gouq
陆 压 道人 出来 救
Gunghmingz hoizbouh dauq lilinz
公明 退步 回来 快速

Luz Yaz hai vah Swjyaz naeuz
陆 压 开(发) 话 子牙 说
Aeu raeuz nywjheu cug mauznyinz
要 我们 青草 绑(结、做) 草人
Cug duz mauznyinz sang roek cik
绑(结、做) 个 草人 高 六 尺
Vaq aeu senghoenz ij ma yingz
化 要 生魂 要 回 营地

Diemj daeng siuyieng cij niemh fap
点 灯 烧香 才 念 法
Luz Yaz bouxdauh nauh gyonglingz
陆 压 道人 闹 鼓玲
Diemj sam aen daeng ronghsagsag
点 三 盏 灯 亮堂堂

Gag diemj goeng an Cau Gunghming
自己 点 公 安 赵 公明

Swjyaz cuengq max laemx roengz dieg
子牙 放 马 倒 下 地
Sam caet ngeih it mingh gvi yaem
三 七 二 一 命 归 阴
Mwngz dai bae naj cingq ok swngq
你 死 去 脸 正 出 圣
Gvaq guh denhginh daih'it mingz
过 做 天君 第一 名

Din daeb duzguk fwngz gangbien
脚 踩 老虎 手(拿) 钢鞭
Gvaq baih doengfueng Cau Gunghmingz
过 那边 东方 赵 公明
An youq doengfueng guh saecawj
安 在 东方 做 师主
Gip aeu singhsuz daeuj hoh ndang
捡 要 星宿 来 护 身

Cib'it、Dwng Leizdingz
十一、邓雷廷

Yangzsouj diuq
扬首 吊
Foemz gyaeuj youh daj fwngz ma bya
俯 (头)首 又 打 手 回(还) 山

Saengq dwk gosing diuqlingz yiengj
震 得 歌声 吊玲 响
Ciengq Leiz Cinswj Dwng Leizdingz
唱 雷 振子 邓 雷廷
Ginhcauh naengh youq Cunghnanzsanh
今朝 坐 在 中南山
Goengcwnz dawz ciengj bae daengz limz
巡捕 拿 状(书信) 去 到 光临

Mwngz le ndaejnyi sawciengj cingj
你 呢 听见 状(书信) 请
Gip hwnj gwih max daeuj daengz limz
急 上 骑 马 来 到 光临
Ma daengz naj danz haeuj vih naengh
来 到 面前 坛 进 位子 坐

Dingq gou diswj ciengq danq gim
听 我 弟子 唱 叹 金(你)

Bonj ciengq cenzvangz bingz haujhan
本 唱 前王 评 好汉
Danq ciengq bohmeh seng ndaej gim
叹 唱 父母 生 得 金(你)
Bohmeh cingq seng mwngz goet fouz
父母 正 生 你 骨 佛
Ngux nyied cocaet seng ndaej mwngz
五 月 初七 生 得 你

Byajraez dwkgum roengz lajgyaiq
打雷 轰隆 下 下界
Vwnzvangz doq vaq okdaeuj fungz
文王 马上 变化 出来 相遇
Vwnzvangz ndaejnyi lwgnyez daej
文王 听见 小孩 哭
Raen laj gofaex miz goeng vunz
看见 下 树 有 个 人

Vwnzvangz lienzseiz doq gag ngeix
文王 及时 立即 自己 想
Laeq neix cingq dwg lwg gwnzmbwn
个 这 正 是 孩子 天上
Vwnzvangz lienzseiz cix gag siengj
文王 及时 就 自己 想

Dawz laeq lwgiq neix ma Ging
拿 个 小孩 这 回 京城

Vwnzvangz ndawhoz gag vuenheij
文王 喉咙里(心里) 自己 高兴
Gou ndaej laeq neix cingq diensing
我 得 个 这 正是 天星
Bouxsai gou miz gouj cib gouj
男孩 我 有 九 十 九
Dauq ndaej laeq neix bouj bak rim
却 得 个 这 补 (一)百 满

Yinzcungh lauxsae hix gag rox
云中 老师 也 自己 知道
Gvaq ma daihloh neix doxfungz
过 来 大路 这 相逢
Yinzcungh ma daengz baiq goenghij
云中 来 到 拜 恭喜
Goenghoh denhswj ndaej diensing
恭贺 天子 得 天星

Yinzcungh hai vah Vwnzvangz naeuz
云中 开(发) 话 文王 说
Mwngz baez coenz hauq dingq gou naeuz
你 次 句 好 听 我 说
Mingzcoh gou guh Yinz Cunghdangz
名字 我 叫做 云 中堂

Gou youq Nanzsanh daeuj ciep mwngz
我 在 南山 来 接 你

Ok Cunghnanzsanh daeuj goenghoh
出 中南山 来 恭贺
Rox mwngz bouxlaux ndaej diensing
知道 你 老人 得 天星
Mwngz ce laeq neix hawj gou gonq
你 留个 这 给 我 先
Cog mwngz miz nanh laeq ndaej dang
以后 你 有 难 个 得 抵挡

Mwngz ce laeq neix hawj gou gyauq
你 留个 这 给 我 教
Cog laeq ndaej bauj mwngz cauzdingz
以后 个 得 保 你 朝廷
Gyau laeq lwgnyez hawj Cunghdangz
交 个 小孩 给 中堂
Dawz bae Nanzsanh hag doeg ging
拿 去 南山 学 诵 经文

Dawz bae Nanzsanh hag dauhleix
拿 去 南山 学 道理
Gyauq guh diswj hag dinfwngz
教 做 弟子 学 手艺
Daengz Cunghnanzsanh cij an coh
到 中南山 才 安 名字

An guh Cinswj Dwng Leizdingz
安 做 振子 邓 雷廷

Mwngz raen ndawsuen miz hing meiz
你 看见 园子里 有 杏子 梅子
Ndawhoz goj ngeix dawz ma gwn
喉咙里(心里) 也 想 拿 来 吃
Cinswj ndawhoz ngeix gigaet
振子 喉咙里(心里) 想了 想
Aeu fwngz bae mbaet dawz ma gwn
要 手 去 摘 拿 来 吃

Cinswj ndaej gwn aen lwgmak
振子 得 吃 个 果子
Naj ndaemndwtndwt bak hwnj bwn
脸 黑乎乎 嘴巴 长 毛
Cinswj ndaej gwn aen gingsaeh
振子 得 吃 个 柿子
Song mbiengj lajeiq lienz hwnj bwn
两 边 腋下 连 长 毛

Song mbiengj lajeiq lienz ok fwed
两 边 腋下 连带 出 翅膀
Mbin bae Duhgoz gouq boh mwngz
飞 去 都国 救 父亲 你
Cinswj bae daengz haeuj roengz gvih
振子 去 到 进 下 跪

Ndang gou hauhneix nanz raen mwngz
身体 我 近来 难 看见 你

Yinzcungh hai vah Cinswj naeuz
云中 开(发) 话 振子 说
Mwngz cingq hauhneix ndaej bienq ndang
你 正 近来 得 变 身
Cix coh bae daengz dauzyenz cungh
就 直 去 到 桃园 中
Diuz vuengzgim dwngx soengq hawj mwngz
条 黄金 拐棍 送 给 你

Geijlai fapdoh cienz liux bae
好多 法度 传 完 去
Sij song cih saw coh fwed mwngz
写 两 个 字 向 翅膀 你
Youh sij cih "fungh" dem cih "leiz"
又 写 字 "风" 和 字 "雷"
Gaem song cih neix cix rox mbin
拿 两 字 这 就 会 飞

Diuz vuengzgim dwngx cuengq lajeiq
条 黄金 拐棍 放 腋下
Mwngz cix bek fwed daengz buenq mbwn
你 就 拍 翅膀 到 半 空中
Mwngz dauq roengzdaeuj haeuj roengzgvih
你 又 下来 进 下跪

Mbouj lumz saefouh dih aencingz
不 忘 师父 的 恩情

Yinzcungh hai vah Cinswj naeuz
云中 开(发)话 振子 说
Mwngz baez coenz hauq dingq gou naeuz
你 次 句 好 听 我 说
Boh mwngz seizneix de miz nanh
父亲 你 现在 他 有 难
Daengz Linzdunghgvanh yaek dih dawz
到 林东关 要 的(被)抓

Cinswj ndaejnyi coenz yienghneix
振子 听见 句 这样
Lienzdaiq gyasaeh gouq boh gou
连带 家伙(武器)救 父亲 我
Mwngz mbin bae daengz Linzdunghgvanh
你 飞 去 到 林东关
Muengh raen Vwnzvangz heuhliuliu
望 见 文王 叫喳喳

Cinswj couh hai vuengzgim dwngx
振子 就 开 黄金 棍
Doh mwngz Leiz Yungj mbouj ndaej yiuz
打 你 雷 勇 不 得 饶

Leiz Yungj hai vah Diensing naeuz
雷 勇 开(发)话 天星 说

Cam mwngz cohhauh gaiqmaz mingz
问 你 字号 什么 名

Cinswj hai vah Leiz Yungj naeuz
振子 开(发) 话 雷 勇 说
Gou cingq Vwnzvangz laeq lwglwnz
我 正是 文王 个 孩子
Leiz Yungj ndaejnyi coenz yienghneix
雷 勇 听见 句 这样
Dauq doiq bingmax deuzlilin
回(撤) 退 兵马 逃之夭夭

Song boux guhdoih dauq ma vih
两 个(父子) 作伴 回 来 位子
Vwnzvangz mbouj geiq ij dih mwngz
文王 不 记 要 的 你
Vwnzvangz dangciengz heuh mbwn gouq
文王 当场 叫 天 救
Lai mwngz guh beix sang liengzsim
多 你 做 兄 丧 良心

Yinzcungh hai vah Vwnzvangz naeuz
云中 开(发) 话 文王 说
Laeq neix cingq seih laeq lwglwnz
个 这 正 是 个 小孩
Yungjswj gou miz gouj cib gouj
勇子 我 有 九 十 九

Cingq laeq ma bouj it bak rim
正 个 来 补 一 百 满

Laeq neix gaen gou bae Nanzsanh
个 这 跟 我 去 南山
An guh Cinswj Dwng Leizdingz
安 做 振子 邓 雷廷
Laeq le ndaej gwn aen gingsaeh
个 呢 得 吃 个 柿子
Song mbiengj lajeiq lienz hwnj bwn
两 边 腋下 连 长 毛

Song mbiengj lajeiq cix ok fwed
两 边 腋下 也 长出 翅膀
Mbin gvaq Duhgoz daeuj gouq mwngz
飞 过 都国 来 救 你
Sam vunz doiqnaj gangj doxdawz
三 人 对面 讲 相投
Ngoenzneix boh lwg dauq doxfungz
今天 父 子 又 相逢

Yinzcungh Cinswj haeuj Nanzsanh
云中 振子 进 南山
Dauq soengq Vwnzvangz haeuj cauzdingz
又 送 文王 进 朝廷
Gaijcawq Vwnzvangz mbouj duet nanh
注定 文王 不 脱 难

Youh gangj Couvangz mbouj cingq vuengz
又 讲 纣王 不 正 王

Bae aeu nyaenma ma gaem mingh
去 要 野狗 来 拿 命
Caiq lau betsingq rox fanj sim
又 怕 百姓 会 反 心
Couvangz ndaejnyi coenz yienghneix
纣王 听见 句 这样
Gip dawz Vwnzvangz haeuj bae gyaeng
急 拿 文王 进 去 关

Mwngz soh rap gij hwnj cikeiq
你 直 挑 那些 上 肩膀
Neix mwngz Vwnzvangz mbouj baenz sien
这 你 文王 不 成 仙
Naeuz mwngz Vwnzvangz rox buzgvaq
说 你 文王 会 卜卦
Gaj bwzyilaux hawj mwngz gwn
杀 白玉老 给 你 吃

Ij gwn noh lwg langh goj rox
要 吃 肉 孩子 假如 可 知道
Ij le buzgvaq cingj go lingz
要 呢 卜卦 整 个 灵通
Ij gwn noh lwg langh mij rox
要 吃 肉 孩子 假如 不 知道

Ij le buzgvaq cix mbouj lingz
要 呢 卜卦 就 不 灵

Vwnzvangz ndaejnyi coenz yienghneix
文王 听见 句 这样
Bak le goj cup ij mbouj gwn
嘴巴 呢 也 咂嘴 将 不 吃
Bak le goj cup hix mbouj ndwnj
嘴巴 呢 也 咂嘴 也 不 咽下
Leiz Yungj bae gaeuj ij goj gwn
雷 勇 去 看 才 可 吃

Leiz Yungj hai vah vangzhouz naeuz
雷 勇 开(发)话 王侯 说
Vwnzvangz bohlaux mij baenz sien
文王 老父 不 成 仙
Gou naeuz Vwnzvangz mij baenz fouz
我 说 文王 没 成 佛
Raeuz soengq noh lwg hix goj gwn
我们 送 肉 孩子 也 可 吃

Couvangz lienzseiz gag dajsuenq
纣王 及时 自己 打算
Raeuz cuengq Vwnzvangz raeuz gaej gyaeng
我们 放 文王 我们 别 关
Gaijcawq Vwnzvangz mbouj duet nanh
注定 文王 不 脱 难

Daengz Linzdunghgvanh youh comz bing
到 林东关 又 集中 兵马

Leiz Yungj ma daengz heuh naeuz gaj
雷 勇 来 到 喊 说 杀
Seiq cawq bingmax oklilin
四 处 兵马 出来不断
Vwnzvangz dangseiz heuhliuliu
文王 当时 喊喳喳
Cinswj youq lawz daeuj gouq gou
振子 在 哪里 来 救 我

Cinswj youq lawz okdaeuj gouq
振子 在 哪里 出来 救
Rox gou diuznanh cij duet ndang
知道 我 困难 才 脱 身
Yinzcungh lauxsae ij gag rox
云中 老师 将 自己 知道
Boh mwngz miz nanh youq cauzdingz
父亲 你 有 难 在 朝廷

Cinswj daeuj daengz haeuj roengz gvih
振子 来 到 进 下 跪
Heuh gou diswj yienghlawz gyaeng
叫 我 弟子 怎样 (被)关
Yinzcungh hai vah Cinswj naeuz
云中 开(发) 话 振子 说

Mwngz vaq fazbauj gouq boh mwngz
你 化 法宝 救 父亲 你

Boh mwngz youq cauz hix miz nanh
父亲 你 在 朝廷 也 有 难
Daengz Linzdunghgvanh cij doxbungz
到 林东关 才 相逢
Mwngz rag gyasaeh ok bae gouq
你 拉 家伙(武器) 出 去 救
Mbouj ndaej bae gouq hix caih mwngz
不 得 去 救 也 任由 你

Cinswj bae daengz hamq bya muengh
振子 去 到 岸(崖) 山 望
Muengh raen Vwnzvangz heuhlinlin
望 见 文王 叫喳喳
Muengh raen Vwnzvangz heuhliuliu
望 见 文王 嗷嗷叫
Leiz Yungj gaem giemq couh yaek faenz
雷 勇 拿 剑 就 要 砍

Leiz Yungj gaem giemq couh yaek faeg
雷 勇 拿 剑 就 要 斩
Cinswj bek fwed daengz baihlaeng
振子 拍 翅膀 到 后面
Leiz Yungj lienzseiz couh roengz max
雷 勇 急忙 就 下 马

Caih mwngz guh beix beg diuz cingz
任由 你 做 兄 白白 条 感情

Cinswj yienghcingz goj mij gaj
振子 留情 也 没 杀
Va dawz Vwnzvangz haeuj sanhlinz
抓 住 文王 进 山林
Va dawz Vwnzvangz haeuj Nanzsanh
抓 住 文王 进 南山
Daegmwngz naengzganq cix daeuj gaen
(你)小子 能干 就 来 跟

Leiz Yungj ndaejnyi coenz yienghneix
雷 勇 听见 句 这样
Couh daiq bingmax hwnj bae gaen
就 带 兵马 上 去 跟
Couh daiq bingmax hwnj bae caenq
就 带 兵马 上 去 追
Cinswj youh dok sam gonj rin
振子 又 敲 三 块 石头

De bag goengbya bae baenz mbiengj
他 劈 一座山 去 整 边
Leiz Yungj bingmax caenh liuzmangz
雷 勇 兵马 尽 流氓
Duhdenh vwnzvuj Leiz Fanghveih
都天 文武 雷 方位

Mbouj daj doengzcuiz saeh mbouj hingz
不 打 铜锤 事 不 赢

Doh dwk Yinzcungh raemx bili
打 得 云中 倒 噼啪
Mbouj youh ringip mbouj daisieng
不 又 石块 不 死伤
Cinswj souj sien ndaw Nanzsanh
振子 守 仙 中 南山
Dauq soengq Vwnzvangz guh cauzdingz
又 送 文王 做 朝廷

Dauq soengq Vwnzvangz bae naengh dienh
又 送 文王 去 坐 宫殿
Bae hoenx Couvangz raeuz guh vuengz
去 打 纣王 我们 做 王
Bae gaj nyaenma dem Couvangz
去 杀 野狗 和 纣王
Aen gaenq yawhyaenq ce hawj mwngz
个 柄(蒂) 玉印 留 给 你

Vwnzvangz guh vuengz hix goj cingq
文王 做 王 也 可 正
Cingj Gyanghdaigungh dingh yaemyiengz
请 姜太公 定 阴阳
Cingj Gyanghdaigungh dingh ceihngux
请 姜太公 定 子午

Ij rox gwnzmbwn daengz lajmbwn
要 知道 天上 到 地下

Ceihngux raen mwngz goengmingz mbwk
子午 看见 你 功名 大
Youh aeu bit ndaem ma biumingz
又 要 笔 黑 来 标明
Baihnamz cij biu Dwng Yenzsai
南方 只 标 邓 元帅
Sam heiq mwngz gaem hoj bingj dingh
三 气 你 拿(管) 火 丙 丁

Mwngz youq baihnamz mwngz guhcawj
你 在 南边 你 做主
Gip aeu singhsuz daeuj hoh ndang
捡 要 星宿 来 护 身
Youh miz nijswj Veih Baujbiz
又 有 女子 危 宝毕
Caet singhsuz ginh hoh ndang gim
七 星宿 均 护 身 金(你)

Cibngeih、Maj Vazgvangh
十二、马华光

Yangzsouj diuq
扬首 吊
Goemz gyaeuj youh daj fwngz ma bya
俯 (头)首 又 打 手 回(还) 山
Saengq dwk gosing diuqlingz yiengj
震 得 歌声 吊玲 响
Lwnh ciengq baihsae Maj Vazgvangh
论 唱 西方 马 华光

Ginhcauh naengh youq Majwjsanh
今朝 坐 在 马耳山
Goengcwnz dawz ciengj bae daengz langz
巡捕 拿 状(书信) 去 到 郎(那里)
Langz le ndaejnyi sawciengj cingj
郎 呢 听见 状(书信) 请
Dwngzyinz ok yingj daeuj daengz ranz
腾云 现 影 来 到 家

Daeuj daengz lingzcangz cingj an vih
来 到 灵场 请 安 位

Cwngmingz diswj lwnz gaen ban
证明　　　弟子　轮流　跟　　班
Bonj ciengq cenzcauz dih gaenyouz
本　唱　　前朝　　的　缘由
Dingq ciengq bohmeh seng ndaej langz
听　　唱　　父母　　生　　得　　郎

Bohmeh cingq seng fouz goetlwed
父母　　正　　生　　无　　骨血
Diemj daeng gyalai giet ndaej langz
点　　灯　　增加　结　得　　郎
Hix lai niemh ging fouz gungh'an
也　多　念　　经　　无　　公案
Bae ciq gyauqsanh aeu ranz hung
去　借　教山　　　要　房　　大

Youh miz bouxdauh Lij Denhvangz
又　　有　道人　　　李　天王
Caenh gip Gyaugvangh roengz haij cungh
只　　急　教光　　　　下　　　海　中
Gip haeuj Gyaugvangh roengz haijngan
急　进　　教光　　　　下　　　海岸
Gvaq haij yienzvangz mbouj yienghcingz
过　　海　阎王　　　　不　　　留情

Gyaugvangh roengz haij youq mbouj ndaej
教光　　　　下　　　海　住　　不　　　得

Bae bauq vuengzdaeq gauq daengz mwngz
去 报 皇帝 告 到 你
Vuengzdaeq gwnzmbwn cingq rox ndaej
皇帝 天上 正 懂 得
Youh cai Gveiswj roengzdaeuj cwnz
又 差 贵子 下来 巡查

Gipcai Sangmwnz dem diuqhek
急差 丧门 和 吊客
Gaem mbaw ciengjgek roengz haij cungh
拿 张 状(书信) 下 海 中
Sanghmwnz daeujdaengz Majwjsanh
丧门 来到 马耳山
Muengh raen Vazgvangh goj doeg ging
望 见 华光 也 读 经

Vazgvangh cingq raen diencai daeuj
华光 正 见 天差 来
Aeu caz aeu laeuj hawj sou gwn
要 茶 要 酒 给 你们 喝
Sangmwnz hai vah Vazgvangh naeuz
丧门 开(发) 话 华光 说
Ngoenzneix Gyaugvangh gauq daengz mwngz
今天 教光 告 到 你

Mwngz ciq Gyaugvangh aeu gungh'an
你 借 教光 要 公案

Dauq haeuj Gyaugvangh roengz haij cungh
又 进 教光 下 海 中
Vazgvangh ndaejnyi coenz yienghneix
华光 听见 句 这样
Lienzseiz fatheiq hai din fwngz
马上 发火 开 脚 手

Yaek gaj Sangmwnz dem diuqhek
要 杀 丧门 和 吊客
Dawz de bae diuh roengz haij cungh
拿 他 去 丢 下 海 中
Lienzseiz daj diuq roengz haijngan
马上 打 跳 下 海岸
Hoenx Haijlungzvangz mbouj yienghcingz
打 海龙王 不 留情

Vazgvangh hoenx de goj mbouj deng
华光 打 他 也 不 对
Goj hoenx ndaw haij duz lungzginh
可 打 里 海 个 龙君
Vangzfuj lingzguen okdaeuj dingj
王府 灵官 出来 顶
Gaej hoenx naengh dienh Haijlungzginh
别 打 坐 殿 海龙君

Vangzfuj lingzguen bingz denh'an
王府 灵官 平 天案

Haj bienq Vazgvangh buq yukmwnz
五 变 华光 破 狱门
Boh mwngz cij guh Max Lingzwenq
父亲 你 才 做 马 灵光
Ij le souj dauh youq Lingzsanh
将 来 守 道 在 灵山

Meh mwngz Gizcih meh hwet gouz
母亲 你 吉芝 母亲 背 驼
Bienq guh duzguk gienj gwn vunz
变 做 老虎 卷 吃 人
Meh mwngz fouz de ndang miz coih
母亲 你 无 她 身 有 罪
Yinloz haihoih dawz bae gyaeng
壬罗 开会 拿 去 关

Vangzfuj lingzguen dawz ma ap
王府 灵官 拿 来 押
Ap haeuj Yingzduh de bae gyaeng
押 进 郢都 她 去 关
Aenvih diswj rox Ginhvah
因为 弟子 认得 金花
Sou cix doxhoenx gwnz denhdingz
你们 却 打架 上 天庭

Seizneix dajdiuq roengz lajgyaiq
现在 打跳 下 下界

Bae baiq Gvanghfoz guh lauxsae
去 拜 光佛 做 老师
Bae baiq Gvanghfoz guh saefouh
去 拜 光佛 做 师父
Miulwz dencunh ndaej vaq ndang
缪勒 天尊 得 化 身

Mwngz haeuj Yingzduh gouq mehlaux
你 进 郢都 救 母亲
Bae hoenx Songcwnz mij doh ndang
去 打 两巡 不 打 身体
Bae ciq Giuguj aeu fazbauj
去 借 救苦 要 法宝
Lingzgungh yaudau cix dak ndang
灵宫 孝道 就 托 身

Miz duz gimsing bak ngoenz fangz
有 个 金星 百 日 鬼
Ginhdungz yinij bae gaenlaeng
金童 玉女 去 跟后
Fwngz gaem goujvanz diuz dietdwngx
手 拿 九环 条 铁杖
Dwk roengz Yingzduh gouq mehniengz
打 下 郢都 救 母亲

Ngoenzneix cwnzyouz doh lajgyaiq
今天 巡游 遍 下界

Cien bienq fanh vaq mwngz mbouj gungz
千 变 万 化 你 不 穷尽
Baihsae Vazgvangh souj sienfouz
西方 华光 守 仙佛
Gimdaek Begdaeq caetheiq ginh
金德 白帝 七气 君

Gyapceih ietcouj Maj Vazgvangh
甲子 乙丑 马 华光
Fwngz gaem gimcienj gaj iucing
手 拿 金转 杀 妖精
Gveizlouz ngangz veisingh gak sam
奎娄 昂 卫星 各 三
Caet bak singhginh hoh ndang gim
七 百 星君 护 身 金(你)

Cibsam、Gvanh Yinzcangz
十三、关云长

Yangzsouj diuq
扬首 吊
Goemz gyaeuj youh daj fwngz mbouj dingz
俯 (头)首 又 打 手 不 停

Saengq dwk gosing diuqlingz yiengj
震 得 歌声 吊铃 响
Lwnh ciengq Gvanhgungh ok vunz raen
论 唱 关公 出 人 看见
Ginhcauh naengh youq Yicenzsanh
今朝 坐 在 玉泉山
Diswj miz ciengj bae daengz limz
弟子 有 状(书信) 去 到 光临

Langz le ndaejnyi sawciengj cingj
郎 呢 听见 状(书信) 请
Dwngzyinz ok yingj daeuj daengz limz
腾云 现 影 来 到 光临
Daeuj daengz naj danz cingj an vih
来 到 前 坛 请 安 位

Cwngmingz diswj lwnh gaenyienz
证明 弟子 论 根源

Bonj ciengq cenzcauz dih gaenyouz
本 唱 前朝 的 缘由
Danq ciengq bohmeh seng ndaej langz
叹 唱 父母 生 得 郎
Bohmeh cingq seng mwngz goet gviq
父母 正 生 你 骨 贵
Ndaej bauj Liuz Bei guenj cauzdingz
得 保 刘 备 管 朝廷

Gvanhgungh Cangh Feih dem Liuz Bei
关公 张 飞 和 刘 备
Dauzyenz giet yi gungh it sim
桃园 结 义 共 一 心
Cwng heuh Liuz Bei guh daihgo
称 叫 刘 备 做 大哥
Liuz Bei guh vuengz guenj dienyah
刘 备 当 王 管 天下

Gvanhgungh baujgya biengz bingzmingz
关公 保家 天下 平明
Liuz Bei guh vuengz sim mbouj cingq
刘 备 当 王 心 不 正
Gouj duz lizcing roengzdaeuj limz
九 只 狸精 下来 光临

Gouj duz lizcing roengzdaeuj gyangq
九 只 狸精 下来 降临

Yaek sanq Liuz Bei dih cauzdingz
要 解散 刘 备 的 朝廷
Mwngz ciemq gauqsaeh cienz beksingq
你 占 告示 传 百姓
Gouj duz lizcing yaek hoenx bingz
九 只 狸精 要 打 世界(社会)
Cienz gyoengq beksingq de rox doh
传 群 百姓 他们 知道 全(遍)

Langz daengz ngoenzneix gaej hai dou
郎 到 今天 别 开 门
Moux ngoenz hai dou de lij youq
某 天 开 门 他 还 在
Moux ngoenz dajsuenq gaj iucing
某 天 打算 杀 妖精
Moux ngoenz hai dou loh gaej gvaq
某 天 开 门 路 别 过

Moux ngoenz bae naz gaej hai dou
某 天 去 田 别 开 门
Liuz Bei ndaejnyi coenz yienghneix
刘 备 听见 句 这样
Couh ok gauqsaeh cienz lwgminz
就 出 告示 传 人民

Beksingq yinzminz cienz rox liux
百姓 人民 全 知道 完

Gvanhgungh Cangh Feih couh hai bing
关公 张 飞 就 派 兵
Vaed fwngz baenz rumz baeyiuyiu
挥 手 如 风 奔腾
Iucing gak boux mbouj ndaej gvaq
妖精 各 个 不 得 过
Vaed fwngz gvaq rumz ndaem baenz yienh
挥 手 过 风 黑 如 墨砚

Gvanhgungh roengz diemj sou iucing
关公 下 点子 收拾 妖精
Seiqcawq mbwnlaep hwnj mojlox
四处 天黑 起 雾露
Leizvangz daj gyong mbouj dingz sing
雷王 打 鼓 不 停 声
Ndaejnyi gwnzmbwn heuhliuliu
听见 天上 叫喳喳

Yaek cawz iucing gaem iucing
要 除 妖精 捉拿 妖精
Gaemh dawz iucing heuhliuliu
捉 拿 妖精 叫喳喳
Iucing gak boux mbouj ndaej ning
妖精 各 个 不 得 动

Haj ngoenz dauq ndaw heuhvangvang
五 天 之 内 叫汪汪

Dai bae cien fanh duz iucing
死 去 千 万 只 妖精
Heuh ndaej haj ngoenz sing cij dingh
叫 得 五 天 声 才 停
Daengq naeuz beksingq biengz bingzmingz
嘱咐 说 百姓 天下 平明
Mwngz dawz iucing mbouj ndaej cuengq
你 捉拿 妖精 不 得 放

Veigoz Cauz Cauh yaek hoenx vuengz
魏国 曹 操 要 打 王
Gvanhgungh ndaejnyi coenz yienghneix
关公 听见 句 这样
Youh hwnj cawjeiq doengz hai bing
又 起(出) 主意 同 出 兵
Mwngz doengz Cangh Feih gaem gvancax
你 同 张 飞 拿 关刀

Dwk baih Cauz Cauh dai buenq dingz
打 败 曹 操 死 半 一半
Mwngz cawz caegyak cingq ndaej gib
你 除 强盗 正 得 及时
Vuengzdaeq gaem bit ma biumingz
皇帝 拿 笔 来 标明

Fung mwngz hwnj mbwn guenj dienmwnz
封 你 上 天 管 天门

Mwngz roengz lajgyaiq guenj Yingzduh
你 下 下界 管 郢都
Cunghyi Yinzyungj mwngz ndaej gvangh
忠义 仁勇 你 得 光
Bae Yicenzsanh laeb miuhdangz
去 玉泉山 立 庙堂
Dienyah gingq yieng mwngz bouxlaux
天下 敬 香 你 老人

Dauq daengz houcauz bauj Genzlungz
叹 到 后朝 保 乾隆
Genzlungz Liuz Bei daeuj duet daih
乾隆 刘 备 来 脱 胎
Dienyah guekgyaiq cix bingzmingz
天下 国界 才 平明
Gvanhgungh Cangh Feih doengz baujyou
关公 张 飞 同 保佑

Genzlungz vuengzcawj ndaej onjsim
乾隆 皇主 得 安心
Mwngz youq baihbaek neix guhcawj
你 在 北方 这 做主
Gip aeu singhsuz ma hoh ndang
捡 要 星宿 来 护 身
Caetsuz singhginh hoh ndang gim
七宿 星君 护 身 金(你)